安徽省宣传文化领域青年英才基金项目资助出版

中华元素与
社会主义文化产业的建设

ZHONGHUA YUANSU yu
Shehui Zhuyi Wenhua Changye de Jianshe

陈志超 著

合肥工業大學出版社

图书在版编目(CIP)数据

中华元素与社会主义文化产业的建设/陈志超著.—合肥:合肥工业大学出版社,2017.4

ISBN 978-7-5650-3337-7

Ⅰ.①中… Ⅱ.①陈… Ⅲ.①中华文化—关系—文化产业—产业发展—研究—中国 Ⅳ.①G124

中国版本图书馆CIP数据核字(2017)第084932号

中华元素与社会主义文化产业的建设

陈志超 著　　　　责任编辑 张 慧

出 版	合肥工业大学出版社	版 次	2017年4月第1版
地 址	合肥市屯溪路193号	印 次	2017年4月第1次印刷
邮 编	230009	开 本	710毫米×1000毫米 1/16
电 话	总 编 室:0551-62903038	印 张	11.75
	市场营销部:0551-62903198	字 数	192千字
网 址	www.hfutpress.com.cn	印 刷	安徽昶颉包装印务有限责任公司
E-mail	hfutpress@163.com	发 行	全国新华书店

ISBN 978-7-5650-3337-7　　定价:35.80元

序

2010年9月，志超考入上海财经大学，在职攻读博士学位，我是他的指导老师，有幸与他度过了三年难忘的时光。其间他经历了博士论文从选题、开题、写作、预答辩、修改、答辩、再修改的全过程，我目睹了志超作为在职博士生，兼顾学业、工作与家庭，在短短三年时间内"拼掉"博士论文的艰辛和勤奋。我对志超的博士论文有着深厚的感情，对他更有着深深的敬意和疼爱。志超学有所成，现在已经是安庆师范大学马克思主义学院副教授、安徽省宣传文化领域（社科理论类）青年英才、安徽省青年五四奖章提名奖获得者、安徽省青联委员。他博士毕业后取得的成绩让我倍感自豪。如今，他对博士论文有了新的体悟和修订，并即将出版发行，邀我为他的新著写序，我感到由衷的高兴。

志超的博士论文选题是"中华元素与社会主义文化产业的建设"。在全球一体化背景下，世界各民族之间文化相互渗透，使得各民族的文化都面临着特色存在和融入全球的双重压力。对于全面建成小康社会以及中国特色社会主义的建设和发展来说，这是一个非常值得研究的问题，关系到中华民族的血脉和精神家园，具有前沿性。同时，这也是个宏大的选题，如何在科学解答中国社会的重大现实问题的过程中，使这个前沿问题具有应用性和可行性，为党和政府提供正确的价值观念和理性思维，发挥其指导和推动社会前进的实践功能，需要深入细致地进行大量的研究工作。

万事开头难，良好的开端是成功的一半。志超的博士论文选题的确定与他对中国传统文化的深厚兴趣密切相关。作为安徽人，他对淮河文化、皖江文化与徽州文化有着深入的洞察与理解，对于中华大地上的山水文化、历史文化、名人文化、民俗文化、建筑文化、艺术文化等总是如数家珍、情真意切。在现实生活中，他也在身心如一地践行着传统文化中的价值观：孝顺父母、尊敬师长、诚信守则、刻苦勤劳。优秀的传统文化如何与现代社会对接，如何利用传统文化来消解现代性的弊端，马克思主义与传统文化相契合的地方具体体现在哪里，对这些问题深入的思考使他充满责任与担当。在上海财经大学读书期间，他整天泡在图书馆，全身心地与传统文化交流、对话，不懈地追寻着自己的梦想。

功夫不负有心人，志超用辛勤和汗水啃下了这块硬骨头，从经济文化视角，找到文化产业这个切入点，确立了“中华元素与社会主义文化产业的建设”这一选题。志超怀着炙热的爱国情怀，立意为改变“尽管我们拥有灿烂辉煌的传统文化，却难以有效地对传统文化进行产业化，使之成为走向世界的文化商品”这种窘境而努力。他认为，对于中国新兴的文化产业来说，启动、整合、包装这些文化资源，就有可能形成具有中国特色的文化产业，并在全球市场的激烈竞争中占有可观的优势。推动中华元素“走出去”，加强社会主义文化产业建设，既是历史赋予我们的使命，也是当今时代发展的主题。

但是，正如我国文化产业迎来一次新的发展机遇和发展高峰、中华文化呈现出一个复兴的春天并非易事一样，啃下十几万字的博士论文也并非易事。为了做好博士论文，他克服工作与家庭的重重困难，研读大量的文献资料，做了大量的读书笔记，最终很好地完成了论文。他的博士论文是高水平的研究成果，是志超三年研究工作的总结，闪烁着智慧的火花。博士论文不仅仅是一个学术的结题与总结，它更是一个学术成长的过程，在这个过程中，志超掌握了学术研究的基本方法，磨炼了坚强的意志，这为他今后的发展奠定了良好的基础。

对志超而言，博士论文只是一个阶段性的成果，他探索的脚步从来没有停止。努力让理论与实践相结合，产生出物质力量，复兴中国优秀的传统文化，让人民群众的生活更美好，理论和实践并行，是志超取得博士学位后持之以恒、坚持不懈的事业。

志超的新著，以“中华元素与社会主义文化产业”为研究对象，以界定中华元素的内涵、构建理论框架、寻找中华元素与文化产业之间的关联、提出中华元素与社会主义文化产业建设的举措为目标。全书按照“理论研究→内涵界定→探究机理→提出路径”的逻辑顺序，以理论研究为基础，采用理论演绎和实证分析相结合、多学科的方法，总共研究了四个方面的内容：第一，社会主义文化产业建设和创新的基本理论；第二，中华元素的激活与创新；第三，中华元素转化为文化产业的可能性及路径分析；第四，社会主义文化产业建设必须关注的几个问题。他的研究丰富了文化产业应用理论的内涵，深入挖掘整理了马克思文化产业的原初思想，界定了中华元素的内涵，为构建和完善中华元素理论研究体系，以及中国文化产业发展与文化体制改革提供了理论基础；深入探索了中国特色社会主义文化产业建设的理论与实践问题，并以我国中部地区的安徽为例，研究地域文化对文化产业发展的作用机制，为文化与经济关系研究和区域文化产业的构建提供研究思路与方法借鉴。

作为志超的导师，我被志超在职攻读博士学位的勤奋和努力而深深感动，对志超毕业后取得的显著进步和成果而自豪和骄傲，同时，对于我给予他的教诲已扎根于他的心灵并转化为为人民群众美好生活而奋斗的物质力量感到欣喜宽慰。祝愿志超在未来的成长旅程上取得更加丰硕的成果。

是为序。

马拥军

2016 年 11 月

摘　　要

文化是民族的血脉，是我们的精神家园。如果没有文化的积极引领，一个国家、一个民族就不可能屹立于世界民族之林。源远流长、博大精深的中华文化，滋养着中华民族的凝聚力，激发着中华民族的创造力，是中华民族生存和发展的根本。当今世界正处在大发展、大变革、大调整时期，各种思想文化交流交融更加频繁，文化在综合国力竞争中的地位和作用更加凸显，因此，对于中国来说维护国家文化安全的任务更加艰巨，增强国家的文化软实力和中华文化国际影响力的要求更加紧迫，实现中华民族伟大复兴的愿望更加强烈。而中华民族的复兴，不仅是经济政治的复兴，更是文化文明的复兴。我们要通过中华民族的伟大复兴，让一个能彰显五千年灿烂文化、能传承五千年悠久文明、能把自己的价值观与世界共享、能用自己的文化软实力促进世界共荣共进的民族傲然屹立于世界民族之林。从这个意义说，社会主义文化产业的建设，特别是其中中华元素的激活与创新，同党的十八大提出的建设社会主义文化强国和习近平总书记提出的“中国梦”紧密相连，这是一个既具有理论价值又兼具现实意义的问题。

中国文化产业自20世纪80年代中期蓬勃兴起以来，虽然已经历了近30年的发展，但相对于其他传统产业而言，文化产业仍是一个新生事物。处于不断探索与发展中的文化产业，特别需要在理论上予以前瞻性的引领、宏观性的指导与学理性的支撑。因此，梳理马克思主义“文化产业”观，以历史唯物主义为指导，全面地阐述毛泽东思想中的文化建设思想和当代中国特色社会主义文化产业观的基本内容，明确界定国内外关于文化产业的概念内涵，科学剖析文化产业的功能并归纳出社会主义文化产业的核心特征，能为社会主义文化产业的发展提供理论指导和决策依据。这构成本论文第一章的内容。

每个民族都有自己的文化。中华民族创造了灿烂的古代文明，形成了充满智慧和魅力的中华文化。中华元素是指来自中华传统文化与其他国家和地区形成差异化、凸显中华民族特色的相关要素，是在长期的历史发展过程中逐步积淀而成、具有长期延续性、时代性和国际性等特点的事物、现象和精神，是一种积极正面的符号与精神形象。笔者之所以提出中华元素这个命题，是因为现实条件下传承和弘扬中华元素，已经具备了各种激励和激活条件。一是贴近了当下中国人的诉求，二是商品化的市场驱动，三是民族复兴的精神牵引。对这些因素和条件的分析，构成第二章的内容。

当下世界，在文化已经成为重要经济活动的消费社会中，原本不引人注意的文化遗产忽然之间成了市场价值要素，中华元素对于文化产业发展和创新有着厚重的潜在价值。而如何把中华元素这一丰厚遗产转化为现代文明和社会主义文化产业建设的资源和发展优势，满足并引导广大人民群众日益增长的文化需求，创造中华民族文化的新辉煌，进而提升国家的软实力，塑造民族的新形象，则是历史和现实的迫切需求，也是中华元素研究者面临的新任务、新课题。动漫产业是文化产业的主要类型和中坚力量，笔者以其为例，具体分析在当下国情和语境中，中华元素与文化产业结合的可能性、中华元素转化为文化产业的必要性和文化产业发展引入中华元素的紧迫性，并提出中华元素转化为文化产业的现实路径。此外，本论文还选取了一个地处中国中部的省份——安徽省，从地方层面对中华元素进行诠释和开发，显现了中国地方文化资源的广阔性、丰厚性，并提出中华元素转化为区域文化产业发展的路径。这构成第三章的内容。

最后，本论文根据党的十八大的论述，阐发了文化产业发展中激活中华元素应当关注的几个问题。当代社会主义文化产业的建设，应首先区分社会主义文化产业与资本主义文化产业的不同特点。毛泽东对普及与提高两者关系的论述，为研究新时期的俗文化和雅文化的关系提供了借鉴。在文化产业化的过程中，要研究如何贯彻文化的“双百”方针和“二为”方向，保证文化产业化循着雅俗共赏的道路前进。其次，农村是传统文化资源集中的区域，农村文化产业是社会主义文化产业的重要组成部分，是建设美好中国、美好乡村的重要支撑。农村文化产业，顾名思义是与城市文化产业相对应，以农村为“舞台背景”、农村文化资源为发展基础的，从事文化产品生产或提供文化服务的文化经营性行业。因此，挖掘农村的中华元素、发展农村文化产业，是实现社会主义文化产业建构的重要途径。再次，通过发挥社会主义制度优越性，确立以激活与创新中华元素为主导方向的文化产业主体布局，是社会主义文化产业建设最为迫切的愿望。中国文化发展不仅要考虑如何充分利用传统资源，继承并发扬其中的美好元素，还要以开放的姿态改造传统，为中华元素注入新鲜血液。在实践中，要强调国家政策扶持与市场主导相结合、文化事业和文化产业协调发展，走中国特色的社会主义文化发展道路。第四，社会主义文化产业要想在世界文化产业发展中占有一席之地，只有突出自己的文化个性，大力培育自己的民族特色品牌，积极推动彰显中华元素的产品“走出去”，才有可能跻身于世界文化产业发展前列。最后，为保证当代社会主义文化产业的快速、健康、可持续发展，必须开发利用文化产业中的各类人力资源，着力打造一支规模宏大、结构合理、素质优良、富有开拓精神和创新能力的文化产业人才队伍。

关键词：中华元素；激活；社会主义；文化产业；建设

目　录

导　论

一、选题的背景

（一）国际背景

当今世界，随着全球一体化进程的加快，多元文化不断融合。然而文化的融合并不是简单的叠加组合，而是世界各民族文化之间的相互渗透。因此，每个民族文化的生存都面临着双重压力：一方面，民族文化要在全球一体化中延续下去，就必须保持本民族的文化个性，必须弘扬本民族的优秀文化传统；另一方面，民族文化又要自觉地融入全球一体化的大潮中，与其他民族的优秀文化进行交流、融合，如此才能获得发展。因此，无论哪个民族，要想在全球一体化中立足，都必须处理好本民族文化与其他民族文化的关系，既要保持本民族文化个性的独立与延续，又要将本民族文化与其他文化进行有机融合和创新。20 世纪 90 年代后期，世界范围内的文化产业浪潮此起彼伏，文化产业的兴盛必然使文化走向国际化。事实证明，文化的民族特性是本民族文化走向国际化的持久生命力，越是独具特色的民族优秀文化，越是具有鲜明的文化个性，越是能够走向世界。

经济全球化和随之产生的文化全球化趋势，使得文化安全问题日渐凸显。“文化安全主要指人们认为自己所属国家-民族的基本价值和文化特性不会在全球化大势下逐渐消失或退化的安全感。具体指：政治文化和社会管理制度上的安全感；传统文化和独特价值体系上的安全感；民族语言和信息传播上的安全感；国民教育体系和国民素质上的安全感等。”[①] 其中，文化资源已经成为全球化背景下国家利益与国家安全的重要内容。世界各国特别是经济发

---

① 潘一禾：《文化安全》，杭州：浙江大学出版社，2007 年版，第 28 页。

达国家加快了全球文化资源的开发利用步伐，保护、发扬和传播传统文化成为当今各国经济社会发展的重要课题，它涉及对文化市场的开发、控制和利用，对文化产业的调整、提升和转型以及对未来经济的战略扩张，甚至对文化观念的渗透、对文化意识形态的侵蚀、对民族传统的再造等方面。中国是文化资源大国，也是传统历史文化资源最丰富的国家之一，却又是文化资源保护和利用的弱国。在中国目前的文化市场中，充斥着美国的好莱坞大片和NBA、日本的动漫和游戏、韩国的电视剧和音乐；圣诞节、情人节等西方节日的势头甚至盖过了中国本土的传统节日，以西方文化为突出代表的外来文化在中国备受追捧。这虽然是中外文化交流过程中的正常现象，但不得不引起我们的警惕与反思。对中国来说，维护国家的文化安全，并不意味着要走闭关锁国、故步自封的老路，其根本在于，在与外来文化的交流、碰撞与融合中保持本民族文化的个性与特色并坚持自身的基本立场，通过采取不断创新和发展民族文化、发展社会主义文化产业等方式，坚决抵制西方强势文化的渗透乃至颠覆，始终维护国家的文化安全。胡锦涛指出："一个没有文化底蕴的民族，一个不能不断进行文化创新的民族，是很难发展起来的，也是很难自立于世界民族之林的。"①

此外，随着世界多极化、经济全球化、文化多元化以及信息化时代的日新月异，国家与国家之间的竞争和较量也发生了显著变化：国家综合实力的衡量标准由主要关注硬实力的一元指标向硬实力与文化软实力二元并重转变。文化软实力包括多方面内容，文化产业是文化软实力的重要载体和重要内容，国家之间软实力竞争在很大程度上是文化产业的竞争。在国际文化竞争中，文化产业竞争力状况反映了一个国家经济科技水平和创新实力，同时也体现了一个民族文化个性的影响力。因为文化产业强国不仅通过销售文化产品获取高额利润，更重要的是向文化产业不发达国家灌输其文化观念和意识形态，从而导致发展中国家在文化发展方面更加处于被动位置。有数据显示："美国电影产量占世界的7%，却占据着世界电影市场份额的75%；美国是世界上最大的出版物市场，也是世界上最大的图书出口国；世界上著名网站100多个，其中94个在美国。美国的电影、电视、音乐、书籍、体育、娱乐等在世

① 本书编写组：《牢固树立社会主义荣辱观学习读本》，北京：人民出版社，2006年版，第2页。

界各地无所不在。”① 美国的强大，深层次原因是科技与文化的强大。因此，“保持和发展本民族文化的优良传统，大力弘扬民族精神，积极吸取世界其他民族的优秀文化成果，实现文化的与时俱进，是关系广大发展中国家前途和命运的重大问题。”② 在国际社会，一方面是对中华文化兴趣的升温掀起了“中国热”；另一方面，随着中国综合国力的大力提升，面对着中国经济的快速增长，某些国家对中国的崛起心存疑虑并感到不安。国际金融危机爆发之后，中国经济发展所取得的显著成就令全世界瞩目，同时也引发人们对马克思主义的重新认识，这都使得中华元素和社会主义文化产业的建设这一命题具有极大的现实意义与实践价值。

（二）国内背景

胡锦涛同志在党的十八大报告中指出，文化是民族的血脉，是人们的精神家园，全面建成小康社会，实现中华民族的伟大复兴，必须推动社会主义文化大发展大繁荣，兴起社会主义文化建设的新高潮，提高国家文化软实力，发挥文化“引领风尚、教育人民、服务社会、推动发展”的作用。我国具有悠久的历史、深厚的文化传统、多样化的民族文化形态；同时，社会转型时期所呈现出来的多样、复杂和多变的现代生活，这些都为文化产业发展提供了取之不尽、用之不竭的文化资源。曾任中国社科院院长的李铁映撰文指出：“中华民族有着五千年悠久的历史和灿烂的文化，有着多民族创造、兼容和共构一个伟大文化共同体的辉煌。其文化积累之丰厚、文化形态之多样和文化哲学之深刻，是世界上其他国家少有的。这是一笔怎么估价也不过分的宝贵的文化资源，是我们得天独厚的优势。对于中国新兴的文化产业来说，启动并整合、包装这些文化资源，就有可能形成具有中国特色的文化产业，并在全球市场的激烈竞争中占有可观的优势。”③ 然而，我国丰富宝贵的文化资源并没有得到充分利用，彰显其价值。全国政协常委、中国京剧院院长吴江曾感叹：“尽管我们拥有灿烂辉煌的传统文化，却难以有效地对传统文化进行产业化，使之成为走向世界的文化商品。”④ 因此，为建设社会主义文化强国，

① 祁述裕：《中国文化产业发展战略研究》，北京：社会科学文献出版社，2008 年版，第 6 页。

② 中共中央文献编辑委员会：《江泽民文选》第 3 卷，北京：人民出版社，2006 年版，第 399-400 页。

③ 陈少峰，朱嘉：《中国文化产业十年（1999—2009）》，北京：金城出版社，2009 年版，第 6 页。

④ 王磐，王峰：《中国元素：动画作品中的民族化审美特质》，《兰州学刊》，2011 年第 8 期。

必须大力激活与创新中华元素，不断增强我国文化产业的整体实力和竞争力，增强中华文化的国际影响力。

此外，以消耗物质资源为基本特点的经济发展模式已经难以为继。面对资源约束趋紧、环境污染严重、生态系统退化的严峻形势，十八大报告提出必须树立尊重自然、顺应自然、保护自然的生态文明理念，把生态文明建设放在突出地位，努力建设美丽中国，实现中华民族的永续发展。物质资源相对短缺是我国的基本国情。多年来，资源消耗过大，环境污染加剧，使得经济增长与资源、环境之间的矛盾日益突出。化解经济增长与资源、环境之间日益突出的矛盾，一个极为重要的途径是发掘文化资源的价值。对我国这样一个人均物质资源相对短缺的国家，发展文化产业是符合我国国情的必然选择，是实现可持续发展的战略举措。可持续发展理论的本质强调的是人与自然关系的协调，保持人类生态经济、社会和自然的协调发展①。文化产业的发展，有利于重建人与自然和谐统一的生态文明，使经济社会的发展既关心人，又关注自然，在维护人类自身发展的同时，又维护自然的平衡，实现人与自然的和谐共生，确保社会系统和生态系统协调发展②。从中国的国情出发并从实践经验来看，在加快经济发展方式转变的过程中，发展文化产业有利于优化经济结构和产业结构，有利于扩大居民的消费，拉动居民消费结构的升级，有利于增加就业、带动创业，有利于实现跨越式发展。

这是一个文化产业复兴和繁荣起始的时代。作为成长中的经济大国，面对未来世界，中国必须认真规划和大力建设发展中的文化大国，必须辅之以新的文化形象与文化策略，努力推进国内文化经济与文化产业改革，积极构建外向的产业发展模式。正是基于中国国情和对文化产业的一个新认识，中共中央在文化建设方面已经形成了新的统一认识，对文化产业的改革发展给予高度重视：2009 年，国务院颁布了文化产业振兴规划，将文化产业提到一个新高度；2011 年，十七届六中全会确立了建设社会主义文化强国的宏伟目标；2012 年，十八大报告从加强社会主义核心价值体系建设、全面提高公民道德素质、丰富人民精神文化生活、增强文化整体实力和竞争力等四个方面

---

① 黄英，王雅林：《基于科学发展观视角的中国文化产业发展解读》，《河南社会科学》，2009 年第 3 期。

② 丹增：《文化产业发展论》，北京：人民出版社，2008 年版，第 48 页。

扎实推进社会主义文化强国建设。在新目标、新要求的指引下，我国文化产业必将迎来一次新的发展机遇和发展高峰，中华文化必将迎来一个复兴的春天。

当下，高度关注中国经济文化的发展动态，科学解答中国社会的重大现实问题，为党和政府提供正确的价值理想和理性思维，发挥其指导和推动社会前进的实践功能，是马克思主义中国化研究的生命力和发展机遇。因此，推动中华元素"走出去"，加强社会主义文化产业建设，既是历史赋予我们的使命，更是时代发展提出的新要求。

二、研究的意义

（一）理论意义

1. 本课题丰富了文化产业应用理论的内涵，具有理论创新性和参考借鉴意义。马克思认为："人的需要是丰富的"，"人的生产是全面的"，并指出："宗教、家庭、国家、法、道德、科学、艺术等等，都不过是生产的一些特殊的方式，并且受生产的普遍规律的支配。"其理论为 Theodor W. Adorno，Max Horkheimer（1947）首次提出的"文化产业"（Culture Industry）奠定了"合法化"基础。此后，西方学者加强了对文化产业的研究，形成了基础理论和应用理论两条研究路线。在众多西方理论中，约瑟夫·奈（1990）提出的"软实力"（Soft Power）概念对中国的影响最为重大，他将一个国家的实力分为由文化、价值观和对外政策等组成的"软实力"以及由经济实力和军事两个部分组成的"硬实力"。在当今世界，文化软实力更显示出越来越重要的地位和作用。我国自提出发展文化产业以来，许多专家学者强调要充分开掘和整合文化自身的资源与潜力，具体分析了文化产业与中华民族精神培育两者之间的内在关联，并提出利用民俗文化发展创意产业的路径。此外，学者张雄（2009）强调研讨中华元素的时尚表达，对于文化产业创新有着极为重要的意义，并指出我国文化产业的发展，最为薄弱的环节乃是中华元素时尚表达的市场运作。但他们不是系统、深入的主题研究。因此，本项研究具体分析中华元素与文化产业的关联和互动机制，提出了社会主义文化产业建设必须关注和努力突破的五个问题，在一定程度上弥补了中华元素与文化产业交叉研究领域的空白。

2. 本课题深入挖掘和整理了马克思文化产业的原初思想，界定了中华元素的内涵，为构建和完善中华元素理论研究体系、为中国文化产业发展与文化体制改革奠定了理论基础。第一，党的十八大提出了“建设优秀传统文化传承体系，弘扬中华传统文化”，“扎实推进社会主义文化强国建设”等重要理论论述。本课题从中华元素激活的背景入手，分析其激活及再创造的条件，并阐述了中华元素与文化产业的互动关系，提出当代社会主义文化产业建设和发展必须关注的五个关键问题，这对社会主义文化产业的发展具有重大的指导意义，对中国文化资源的保护和开发也是一种积极的探索。第二，本课题在学界对马克思、恩格斯关于文化产业思想研究文献十分缺乏的情况下，从马克思等人的经典原著中，深入挖掘文化产业的原初思想，并且把文化产业建设置于社会发展理论的大框架中，明确提出“社会主义文化产业”这一概念，并阐明了社会主义文化产业的核心特征，既立足世情又正视了中国国情，是实现文化产业快速、健康发展的重要理论保证，为中国文化产业的发展与文化体制改革提供了理论基础。第三，本课题通过对“中华元素”的研究、整理，并有所继承与创新，以期能够早日构建并逐步完善中华元素理论体系，并对具有中国特色的社会主义文化产业的发展起到一定的理论指导作用。

3. 本课题进一步探索了具有中国特色社会主义文化产业建设的理论问题。本课题研究始终紧扣“社会主义”这一限定词，对中国文化产业的发展进行理论和实践的探索，表达了作者对马克思主义中国化热点问题的深切关注。因为文化产业作为文化竞争的重要载体，“既要尊重精神产品生产规律，又要按市场规律办事；既要抓住社会效益，又要追求经济效益”。社会主义文化产业不仅强调经济效益，还要强调在发展社会主义文化产业的过程中如何极大地推进社会主义核心价值体系的认同和巩固，促进国家主流意识形态的发展。唯有如此，我们才能在新的历史条件下使我国的文化产业在世界文化产业市场中占有一席之地，同时将我国灿烂丰富的中华元素通过事业的推进和产业的力量传播到世界各地。

4. 本课题以我国中部地区的安徽省为例，研究地域文化对文化产业发展的作用机制，为文化与经济关系研究和区域文化产业的构建提供研究思路与方法的借鉴。当前我国学界对文化产业的理论研究较多，但文化产业理论以宏观研究见长，中观、微观层面的研究明显不足。本项研究对安徽区域文化的概念和内涵体系进行探讨，提出安徽文化产业发展的思路和建议，为实现安徽区域文化和区域文化产业良性互动提供理论支撑。

（二）实际价值

本课题以马克思主义文化产业观、毛泽东的文化建设思想和当代中国特色社会主义文化观为指导，围绕中华元素的内涵、特征以及分类等关键问题展开论述，分析中华元素与社会主义文化产业的互动机制，提出社会主义文化产业建设必须关注的五个问题，以中华元素的激活与创新为旨归，其落脚点在于探讨并提出实现社会主义文化产业激活与创新的切实可行的举措。因此，本课题的研究具有以下几点实践意义：（1）提出了当代中国文化产业发展在激活与创新问题上的具体对策和建议，为政府推动文化产业成为国民经济支柱性产业和实施文化大发展大繁荣的战略提供决策依据；（2）明确指出文化产业作为文化竞争的重要载体，它的发展壮大除了能够带来巨大的经济效益外，更重要的是有利于发挥我国的比较优势，有利于应对文化产业的国际竞争、提升国家的文化软实力和维护国家的文化安全；（3）研究过程中所收集、分析和引用的大量数据和资料可给长期研究相关问题的同行提供很好的素材，特别是将动漫产业作为一个实证分析的对象，对文化产业的其他类型产业的发展有一定的参考价值。

三、国内外研究现状

自20世纪70年代以来，西方学者将文化产业的研究代替了文化工业，并形成了两条研究路线：一条是对大众文化和文化产业的研究，研究重点是对文化产品所包含的意识形态和价值观等进行探讨，是文化产业基础理论的路线；另一条是文化产业的应用理论研究，划定了应用理论路线。在文化产业应用理论研究方面，英国的理论成果较为丰富。尼古拉斯·伽纳姆（Nicholas Garnham）“为文化产业的地位恢复名誉做了大量的工作”，麦耶斯考夫（Myerecough）阐述了艺术与文化产业在经济和就业方面的影响，查尔斯·兰蒂（Chairles Landry）在20世纪末期将“价值链分析法”（value prodaetion chain Ana1sis）引入了文化产业的实践研究，从而提出了构成文化产品的流通、文化产品的发送机构和最终消费者接受①。

与本课题相关的研究成果，关于文化产业发展的内容论述较多，但将中

① 王琳：《文化产业发展与预测》，天津：天津社会科学出版社，2005年版，第13页。

华元素与文化产业结合起来研究的成果寥寥无几，目前收集到的相关研究资料中，主要集中在以下几个方面：

（一）关于文化资源与文化产业关联的研究

杜超、王松华（2008）指出，丰富的文化资源是我国发展文化产业的现实条件和比较优势。提出要树立与现代文化产业背景相容相谐的新的文化资源观，在深刻把握文化资源禀赋特质的基础上明确文化产业发展的策略和路径。马海霞（2008）梳理了国内外有关文化资源与文化产业理论的研究，并指出了目前国内外文化资源与文化产业研究中存在的主要问题。施炎平（2007）探讨了传统文化的资源价值，揭示了传统文化由资源转化为资本的环节和途径。张胜冰（2008）指出开发文化资源已成为文化产业的一种普遍模式。在大力发展文化产业的背景下，文化资源的开发利用要在有效实施文化资源保护的基础上循序渐进。吕庆华（2009）提出的核心观点是文化资源为产业开发的基础，产业开发是文化资源的延伸，文化资源的产业开发形成现实的文化产业。王志标（2012）指出，一些有特色的传统文化资源如何进行产业化是地方政府和从事区域文化产业研究的学者关注的焦点，并立足于传统文化资源，从产业化路径的角度进行了具体的分析。周建军、张爱民（2010）分析得出：特色文化资源的开发与转化、独特的内容创意、经营方式创新和高新技术应用是特色文化产业形成和发展的有效途径。谈国新、钟正（2012）指出，中国是一个有着古老悠久的文化遗产的文明古国，悠久的历史赋予了中华民族博大而丰富的文化遗产，灿烂而独特，举世瞩目。他提出建议，要以这些文化资源为基础，研究民族文化数字化的关键技术，建设民族文化资源库，实现民族文化的保护、整理、开发和共享，发展数字文化产业①。

（二）关于文化产业可持续发展的研究

白洁（2009）指出，我国文化产业要继续走可持续发展的道路，应制定文化资源开发的人才战略；实施文化资源开发的政府管理；尽快建立文化产业链和产业园区，打品牌战术；加强文化交流，将我国丰厚的文化推广到世界。文飞红、刘晓理（2009）指出，文化产业常被视作“无烟工业”或“绿色产业”。大力发展文化产业，是优化产业结构、促进经济社会可持续发展、

① 谈国新，钟正：《民族文化资源数字化与产业化开发》，武汉：华中师范大学出版社，2012 年版，第 1 页。

提高国家软实力的一项战略举措；要实现其可持续发展，必须优化市场结构、改善投资环境、变革内部机制、提供人才支持和法制保障以及解决文化产业规划的科学制定等。苑申成（2010）认为，发展文化产业首先要充分认识其发展的必要性和重要性，要准确把握文化产业发展过程中存在的突出问题，转变政府职能，改革管理体制，创新文化生存机制，优化创业环境，创新人才机制。只有这样，才能促进文化产业健康、协调、可持续发展。刘国峰、黄晓龙（2010）指出，文化产业的可持续发展与其他物质产品生产的主要区别在于文化产业中有很多现代科技形成的资源是能够重复利用而且能耗极低，这部分资源是可“再生”的。因此，推进文化产业的可持续发展有其特殊性。文章还认为：优化经济结构，提升文化产业发展的战略地位，积极扩大文化消费需求，积极开拓我国文化产品的国外市场，是我国推进文化产业可持续发展的可行措施。陈少峰（2010）认为，我国未来发展文化产业应当更加注重以人为本，这是推动文化产业持续繁荣之道。必须牢牢把握人才是第一生产力的观念，资本必须围绕人的创造性发挥作用；提高员工的待遇，以保障企业留住高素质和高水平人才；分配上应当重视价值创造者员工的地位；员工的收入水平应当与企业的发展同步提高，与投资人的回报同步提升；企业必须加强企业文化建设。

（三）关于中华元素与文化产业二者结合的研究

中华元素是一个文化的概念。业界和学界的论述相对零散且非常薄弱。文化人类学家克莱德·克鲁克洪（Clyd Kluckhohn）提出，够得上成为文化元素的，必须是那些能够比较容易分离出来的文化特征。张雄、刘士林（2009）认为：“研讨中华元素的时尚表达，对于文化产业创新有着极为重要的意义，它不仅有助于开拓具有无限生命活力的民族化、个性化的文化产品市场，而且还有助于完整、准确地理解和把握中国传统文化的内涵与精髓。我国文化产业的发展，最为薄弱的环节乃是中华元素时尚表达的市场运作，即碎片式、点状态、物性化、单向度的色彩较浓，缺乏用当代先进的事件经济理论来指导中华元素的时尚表达。”① 业界学者朱裕平（2009）讲到传统文化是一个民族历史上创造的文化的总和，文化遗产是传统文化中传承下来的精华部分，

① 张雄：《从事件经济看中华元素的时尚表达》. http：//www. chinagc. org/html/shehuiwenti/2009/0810/1061. html.

文化元素则是传统文化或者文化遗产的基础构件和象征符号。巫志南博士认为，中华元素，是指在源远流长的中华文明发展过程中不断出现的精神层面、制度层面、物质层面以及社会各领域具有代表性、为中国各族人民所认同的民族文化元素，也是博大精深的中华文明的基本构成元素。杨志（2007）以北京为例，分析了创意文化产业与传统文化的关系，提出只有把创意文化产业与传统文化有机结合起来，处理好两者之间的关系，才会获得相互促进、共同发展的最佳效果。杜开林、赵欢春（2011）在《论中国文化产业发展与民族文化精神的传承》一文中阐述了文化产业与民族文化精神之间的互动互补关系。张永红、梁建新（2010）认为，社会主义文化产业必须以弘扬先进文化为己任，在资源利用、产品开发等方面，始终突出传承优秀文化、促进人的全面自由发展的历史使命①。施惟达等（2011）认为，民族文化要走产业化之路，首先必须注重其文化内在价值和意义的挖掘与传承，这是民族文化产业的可持续发展之道，也是体现民族文化的核心价值之处。

（四）文化与经济关系的研究

关于文化与经济之间的关系问题，国外的学术界关注较早。英国经济学家亚当·斯密（Adam Smith，1776）较早阐述了文化对经济的影响。英国经济学家穆勒（Mill J. S，1848）认为各国的经济状况依赖于人类的本性，即取决于道德的或心理的因素，从而依赖于各种制度和社会关系。英国经济学家马歇尔（Marshall A，1890）指出，文化因素（包括宗教、道德、观念、理想等）和经济动机一样，都在不同程度上决定着人们的行为。

我国对文化与经济关系的研究相对较晚。陈忠祥（1995）从文化观念与文化价值系统、文化表现形式、文化设施等方面分析了文化是如何影响经济的。邱建明（2004）直接阐明了文化因素在经济发展中的重要作用，认为现代经济竞争实质上是一种文化力的竞争。叶澄（2007）指出，文化作为一种重要的生产要素和社会资本，是经济发展的一个重要促进因素。

（五）关于文化产业如何“走出去”的研究

张胜冰、刘婧（2011）指出，中国文化走出去的关键，就在于如何在保持中华文化人文精神的前提下，富有创意性地将丰富的民族文化资源转化成现实的文化资本，生产出既具有中国特色、中国气概，又符合现代人

① 张永红、梁建新：《马克思的文化产业观及其当代价值》，《马克思主义研究》，2010 年第 12 期。

审美情趣、行为方式和消费习惯的各种产品。郑新立（2010）提出，要把全方位地宣传和传播中华文化作为实施“走出去”战略的一个重要途径。陈少峰、张立波（2011）认为，多数“走出去”的中国出口的文化产品，也会负载某些内涵，也就是在消费者心中，它们代表着中国的国家文化形象的内涵。因此，在中国文化走出去的过程中，要注意弘扬中国文化中的精华元素，而不是不管不顾地一味考虑出口的数量。同时，为了增强对外出口的文化影响力，在推动文化产品出口时，应当更加重视生产和出口能够影响国外青少年消费者，体现中国优秀文化的文化精品①。范建华（2011）认为，只有稳步扎实地推进中国文化“走出去”步伐，提高整体水平和综合能力，才能在经济全球化和文化多元化的时代，保持清醒的头脑，立于不败之地，才能有效地维护自身文化的话语权和价值的独特性。只有切实做到维护和强化自身的话语权，才能在世界范围内产生深刻的影响，进而更为有效地维护我国的文化安全②。

（六）关于全球化形势下我国文化产业发展的研究

在西方学界提出的种种文化理论中，对中国影响最大的首推塞缪尔·亨廷顿的“文化冲突论”。其次，荷兰哲学家、文化人类学家 F. 皮尔森于 1970 年发表《文化战略》一书，较早地从科学的层面上提出“文化战略”这一概念。在全球化的大背景下，如何发展我国的文化产业，成为许多专家学者思考的话题。邹广文、任丽梅（2009）首先认为，文化产业的发展得益于全球一体化。全球一体化的世界文化格局构成了中国在内的每一个国家发展自身文化产业的世界环境。认识世界文化发展的格局，以及自身在世界文化格局中的地位，是更好更快发展我国文化产业的基础。指出中国是文化资源的大国、文化市场的大国，却是文化产业的弱国。从世界文化产业发展的经验总结中，得出文化渗透是文化产业走向国际化的有效途径、非营利文化产业是政府未来支持的方向、促进经济文化化与文化经济化的双重发展等三条启示。石杰、司志浩（2008）提出了全球化背景下发展我国文化产业的对策：一是加速文化的市场化进程；二是建立文化企业，培育市场主体；三是建立文化产业发展的宏观管理体系和运行机制；四是完善产业统计指标体系；五是大

① 陈少峰，张立波：《文化产业商业模式》，北京：北京大学出版社，2011 年版，第 116 页。

② 范建华：《文化与文化产业发展新论》，北京：人民出版社，2011 年版，第 37 页。

力发展中介服务机构；六是大力培育文化市场。张彩凤、苏红燕（2009）将全球化视野作为研究、探析、审视中国文化产业发展相关问题的基本视角，详细阐述了“全球化是当代社会发展的重要特征”“经济全球化的辐射效应”“文化多元化与文化产业”等问题，集中揭示了全球化与文化产业的内在联系，并就中国社会主义文化产业建设回应经济全球化挑战的对策方面，要求在总结以往经验教训的基础上，进一步从我国国情出发，就若干突出的问题提出切实可行的思路和主张。

四、研究目标、内容、拟突破的重点和难点

（一）研究的目标

1. 界定中华元素内涵，构建理论框架

目前关于中华元素的研究相当零散且极为薄弱。因此，本项研究的首要目标是厘清中华元素的内涵与特征，以及中华元素与中华民族个性的关系。在这些研究的基础上，本论文尝试构建和完善中华元素理论研究体系，希望通过中华元素在文化产业的发展中广泛运用，进一步推动民族品牌、中国品牌走向世界，体现本研究的理论指导作用与价值。

2. 寻找中华元素与文化产业之间的关联

文化是民族的灵魂和血脉，现代文化产业的发展离不开文化资源，但更需要文化资源中最有价值的中华文化元素的有效激活和创新。因此，寻找中华文化元素与文化产业之间的关联具有必要性和紧迫性。本论文一方面提出现代文化产业对传统文化资源有着现实诉求，另一方面指出当下中华元素的激活与创新需要文化产业加以承载和推动。

3. 提出中华元素与社会主义文化产业建设的举措

中华元素和社会主义文化产业的研究任重道远，因此，本论文将重点探讨当代社会主义文化产业建设和发展，在激活与创新方面必须关注和大力推进的五个方面问题，期望提出一个“对学者有意义的”和“对于决策者有用的”的框架和范式，采用历史的、理性演进的、反思性的思维推进中华元素与社会主义文化产业的建设。

（二）研究的内容

本论文以“中华元素与社会主义文化产业”为研究对象，研究的内容包括四个子项：社会主义文化产业建设和创新的基本理论、中华元素的激活与

创新、中华元素转化为文化产业的可能性及路径分析、社会主义文化产业建设必须关注的几个问题。

1. 社会主义文化产业建设和创新的基本理论

首先，阐述了马克思主义“文化产业”观。探寻了马克思有关文化产业的思想、毛泽东的文化建设理论和当代中国特色的社会主义文化观，从社会生产的历史进程中探寻文化观的演变，为我国社会主义文化产业建设供了理论基础。其次，界定了国内外文化产业的主要内涵，分析了文化产业的主要功能，即具有经济增长、思想引导、知识教育和娱乐交往等功能。最后，着重剖析社会主义文化产业的核心特征，即先进的价值观、鲜明的民族性、显著的人民性和突出的资源型等四个方面，以提高对发展社会主义文化产业的理性认识。

2. 中华元素的激活与创新

首先，提出民族文化的识别及界定的依据。在对文献进行综述的基础上，阐释中华、民族、文化及相关概念，论证民族个性即文化个性——表现在地方共同体群中的文化特质和文化集结的聚合（Philip Bagby，1987），并运用斯大林关于民族的定义进行具体分析。其次，指出中华元素是具有个性化的民族文化的自我筛选、积淀和创新的结果。对中华元素的含义、特征及类型、思想体系进行了总结。最后，指出中华元素在当代的激活与再创造，一方面是受到商品化、市场化的驱动；另一方面是其作为民族复兴精神动力的必然要求，贴近了当下中国人的实践诉求、生活诉求和精神诉求。

3. 中华元素转化为文化产业的可能性及路径

（1）中华元素与文化产业结合的可能性

传统文化（Traditional Culture），指的是文明演化而汇集成的一种反映民族物质和风貌的民族文化，是民族历史上各种思想文化、观念形态的总体表征。传统文化与文化产业因政府的意识形态、经济政策的束缚导致二者的联系不够紧密，互相封闭并缺乏有效的互动机制。因此，分析并找出中华元素与文化产业两者之间的契合点显得尤为紧迫。本研究认为，两者既是提高我国文化软实力的有效途径，也是践行国家文化战略的关键因素，更是弘扬社会主义核心价值观的重要载体。

（2）中华元素转化为文化产业的必要性

民族文化在全球化语境下的身份确立，文化产业在民族化基础上的内涵发展，文化产业对传统文化资源的现实诉求，使得中华元素转化为文化产业显得十分必要。我国文化资源禀赋独特丰厚，启动和创新这些文化资本，凭借其独特性和唯一性，充分发挥中华文化元素在全球市场竞争中的比较优势，就有可能形成具有中国特色的社会主义文化产业。因此，分析文化资源识别及构成维度极为重要，但文化资源并不能自发地、天然地转化为文化产品，必须充分挖掘具有地方特色、民族特色的各种文化资源，并运用产业化、创意化的方式使资源优势转化为产业优势。

（3）文化产业的发展融入中华元素的紧迫性

论文从三个方面分析了文化产业融入中华元素的紧迫性。一是当下中华元素的激活与创新亟须有文化产业的承载和推动；二是民族特性存在消磨与迷失的危机，并以动漫产业为例，具体分析了制约我国文化产业发展的主要原因：受众群体低龄化，传统文化与创意结合不紧密，产业链和市场结构不合理，创意阶层尚未形成，知识产权保护不力；三是西方文化产业的冲击和挑战。

（4）中华元素转化为文化产业的现实路径——以动漫产业为例

具体提出了三个路径，即中华元素的本土化与国际化、中华元素的审美化与现代化、中华元素的人文化与产业化。

（5）中华元素与文化产业强省战略——以安徽省为例

论文选取了中国中部的省份安徽省，从地方层面对中华元素进行诠释和开发。主要内容包括：安徽区域文化及特性；中华元素与安徽区域经济关联性分析；实施文化强省战略应该坚持的方略测度；中华元素与安徽文化产业建设的具体路径及设想。

4. 社会主义文化产业建设必须关注的几个问题

第一，要厘清中华元素的“雅”“俗”文化界限。从普及与提高的关系看俗与雅的关系；文化产业化过程中如何做到雅俗共赏；确定文化层次，制订发展规划。

第二，注重文化元素的开发，积极发展农村文化产业。首先指出文化贫困和贫困文化是制约农村经济文化发展的主要障碍；其次，阐释了发展农村文化产业的理论基础和现实意义；最后，提出了发展农村文化产业的现实对策与路径选择。

第三，确立彰显社会主义优越性的文化产业主体布局。以人为本，满足当下人们对中华元素的渴求；发挥政府的推动作用，优化文化产业的布局和结构；打造中国特色社会主义的文化产业航母。

第四，积极打造社会主义文化产品品牌，实施“走出去”战略。品牌及文化品牌；利用中华元素打造社会主义特色产品品牌；实施“走出去”战略。

第五，实施社会主义“人才兴文”战略。一是通过政府制定吸引人才的举措、人民群众激发自身的创意热情，从而推动创意阶层在中国的崛起；二是培养引进高素质管理人才；三是培育具有国际视野的文化产业人才。

（三）拟突破的重点和难点

1. 推动中华元素理论体系的形成

本项研究的对象（之二）中华元素，其体系是在大量传统文化文献回顾、专家学者意见和建议以及部分调研的基础上形成的，选取的中华元素是长期积淀的、有普遍意义的真理和优秀的价值，体系的内容又是包含各学科的许多方面。因此，此项研究所需周期长，论证过程复杂，只有这样，才能使中华元素的选取和体系的形成具有较高的信度和效度，这将是本研究的重点和难点。

2. 探寻中华元素与文化产业转化的可能性及路径

我国文化产业的发展主要还是借鉴西方发达国家的经验，中华元素与文化产业之间的关联还没真正发现和明确提出，这就需要在理论梳理和实践总结的基础上寻找两者之间的可能性。在“研究二”的基础上，本论文提出中华元素与文化产业之间的若干共同点，并指出现代文化产业对传统文化资源有着现实诉求，当下中华元素的激活与创新也需要文化产业加以承载和推动；分析了中华元素转化为文化产业的必要性和紧迫性，是“研究四”的理论基础，因此该部分既是本论文研究重点阐述的内容，也是质性研究的难点。

3. 探索社会主义文化产业建设的有效路径

探索社会主义文化产业的建设途径是在“研究一”“研究二”“研究三”的基础上采用历史的、理性演进的、反思性的思维提出设想，是本项研究的成果部分，也是社会各界最为关注的重点部分，它的结果直接决定了本论文研究目标的实现程度，因此是拟解决的重点部分。

五、研究思路和方法

本论文将本着“理论研究→内涵界定→探究机理→提出路径”的逻辑顺

序，以理论研究为基础，采用理论演绎和实证分析相结合、多学科的历史的方法进行研究。具体研究方法如下：

研究二主要采用分析与归纳相结合、历史研究的方法。笔者通过查阅文献，主要以上海财经大学图书馆和中国期刊网，特别是中国知网的文献资源为基点，广泛检索阅读，对中华文明的挫折与复兴进行历史的回顾，对中华元素和文化产业两个领域的研究现状（主要学术观点、前人研究成果、学界争议的焦点等）、研究动态、发展前景等进行综合分析，在大量占有资料的基础上，结合实地观察、企业家访谈和网络问卷的调研，进行综合分析，归纳整理，把握中华、民族、文化及相关概念的准确内涵，形成中华元素理论体系，得出客观性比较高的结论。

研究三主要采用阐释法和案例法。与实证主义不同，阐释主义认为中华元素与文化产业之间的关联不是一成不变的，两者之间的矛盾可以通过科学理论指导下的实践得以消释。在本论文中，阐释法的具体操作如下：（1）深入企业和民间，通过参与式或非参与式的观察、深度访谈等方式，获取人们对中华元素的认知信息；（2）将“研究二”的数据进行必要的编码（包括分类、整理）和比较分析。（3）邀请专家对中华元素及中华元素与文化产业之间的关联进行思考和讨论。

研究四采用理论研究与实证研究相结合、多学科的研究方法。文化产业发展问题关涉全面性和复杂性，本研究不仅属于马克思主义中国化研究专业的范畴，还涉及文化学、社会学、经济学和管理学以及政策学等方面的学科知识和研究范畴，因而研究方法必然具有多学科性。本研究既立足世情，又关乎国情，对如何利用中华元素促进社会主义文化产业的建设，作出了冷静分析，切实把大量事实作为研究的依据和立论的基础。因此，本论文以理论为统领，以实证为基础，充分注意把理论研究和实证分析相结合。

六、创新点与不足之处

（一）创新点

笔者力图把握创新这一主线，在国内外专家和学者已有研究的基础上期冀有所创新，自认为有以下创新之处：

首先，在研究内容上，围绕的是当前学界关注的热点——“中华元素”和“文化产业”这两个问题，由于中华元素尚处在提炼、探讨和研究阶段，未形成定论，至于如何将中华元素运用于社会主义文化产业建设，已有的研究成果里也很难找到较为系统的论述。笔者试图在总结前人零散研究成果的基础上，科学地界定中华元素的内涵，探寻中华元素与社会主义文化产业建设和提升的立足点、突破点。

其次，在研究思路上，进行学科交叉，培养新的研究增长点。作为学科研究对象的文化产业本身就是一个交叉性的学科，是一个交叉的研究领域，因此，本论文运用了哲学、法学、文化学、社会学、经济学、历史学等多个学科的研究理论，大胆尝试将中华元素与文化产业结合起来研究，并分析其结合的可能性、必要性和紧迫性；通过中华元素的激活与创新，提出社会主义文化产业建设应努力推进的五个方面，以不断激发中华元素与社会主义文化产业发展的生机和活力，从而开辟了国内文化产业建设研究的新视角。

最后，在研究目标上，本论文以马克思主义文化理论为指导，在分析中国化马克思主义文化产业理论的过程中，深入挖掘中华元素，在当前学术界对中华元素还没有一个较为统一和权威定义的情况下，为中华元素的内涵作了一个系统梳理和较为科学的界定；并具体分析了中华元素的特征、分类以及思想体系，以期中华元素理论研究体系的尽早构建和完善，由此推动社会主义文化产业的建设和发展。

（二）不足之处

由于受本人学术背景、研究时间和数据调研困难等方面的限制，本论文还存在着一些不足之处。其中主要问题是在资料收集上不够完备，对研究的广度和深度造成了一定的影响，比如选取的案例仅仅是动漫产业，选取的区域主要是安徽省，难免会有以偏概全之嫌。此外，文章主要就社会主义文化产业进行思考，没有结合社会主义文化事业进行关联分析和研究。从技术层面上说，由于中华元素与社会主义文化产业建设这一课题本身之宏大，因而在许多问题上的研究必定不够深入和具体，仍有待于在今后的研究中进一步深化和拓展。

第一章　社会主义文化产业建设和创新的基本理论

党的十八大报告提出了全面建成小康社会和全面深化改革的目标，要求把文化产业建设作为国民经济的支柱性产业，从而将文化产业发展的重要性提到了一个新的高度。我国文化产业自20世纪80年代中期蓬勃兴起以来，虽然已经经历了近30年的发展历程，但相对于其他传统产业而言，文化产业仍是一个新生事物，我们对这个新产业的形态的认识还是很有限的。正处于不断探索与发展中的文化产业，特别需要在理论上予以前瞻性的引领、宏观性的指导与学理性的支撑，因此，梳理马克思主义“文化产业”观，并以马克思主义历史唯物主义为指导，全面论述毛泽东思想中的文化建设理论和中国特色社会主义文化产业观形成的历史背景和基本内容，具有非常重要的现实意义。

第一节　马克思主义“文化产业”观

在马克思、恩格斯的经典著作中，我们难以找到关于“文化产业”这一特有概念的论述。但是，从他们的经典著作中，我们可以探寻到支撑文化产业发展的内蕴理论。因此，探讨马克思主义的“文化产业”观，既有助于我们完整准确地理解马克思主义，又能够为我国当下不断升温的文化产业把脉、护航。

一、生产劳动、非生产劳动理论中隐含的文化产业思想

马克思、恩格斯有关文化产业的思想隐含在他们的生产劳动、非生产劳

动理论之中。首先，在区别生产劳动与非生产劳动的过程中，提出了文化产业的命题。按照马克思的观点，“生产劳动就是创造剩余价值的劳动，即除了它以工资形式取得的等价之外还创造新价值的劳动”①。一般意义上来讲，从事物质生产的劳动才是生产劳动，而从事非物质即精神文化生产的劳动，则是非生产劳动，这种劳动是一种不产生剩余价值的劳动。马克思进一步指出：“一个演员，哪怕是丑角，只要他被资本家（剧院老板）雇佣，他偿还给资本家的劳动，多于他以工资形式从资本家那里取得的劳动，那么，他就是一个生产劳动者。”② 作家之所以是生产劳动者，是因为他使出版他的著作的书商发财而不是因为他生产出观念，即只有他作为某一资本家的雇佣劳动者的时候，他才是从事生产的。“密尔顿创作《失乐园》得到5镑，他是非生产劳动者。相反，为书商提供工厂式劳动的作家，则是生产劳动者……因为他的产品从一开始就从属于资本，只是为了增加资本的价值才完成的。”③

在以上论述中，马克思对生产劳动与非生产劳动两者之间的区别进行了具体的论证，指出了两者之间差异的关键点在于是否存在着资本的介入。马克思认为，演员、作家、歌女这类特殊人群，他们所从事的劳动既可以是生产劳动，也可以是非生产劳动。对于文化生产而言，一旦有经营资本介入，一般意义上的文化生产就具有文化产业的性质。此外，资本不断介入文化生产领域中，也意味着文化产品的性质与功能发生转变，由精英垄断、少数人独享向群众普及、大众共享转变。虽然马克思对资本在文化生产中的渗透只是进行了个别阐述，但这也足以表明，马克思已经预感到文化生产规模化、产业化的趋势。其次，马克思在对非生产劳动领域中资本主义的表现进行论述时，对文化产业的问题也有所涉及。马克思认为，在纯粹为了交换而进行生产的非生产劳动领域中，劳动产品分为以下两种：

第一种是“生产的结果是商品，是使用价值，它们具有离开生产者和消费者而独立的形式，因而能在生产和消费之间的一段时间内存在，并能在这段时间内作为可以出卖的商品而流通，如书、画以及一切脱离艺术家的艺术活动而单独存在的艺术作品。在这里，资本主义生产只是在很有限的规模上

① 《马克思恩格斯全集》第26卷，第Ⅰ分册，北京：人民出版社，1972年版，第199页。
② 《马克思恩格斯全集》第26卷，第Ⅰ分册，北京：人民出版社，1972年版，第148页。
③ 《马克思恩格斯全集》第26卷，第Ⅰ分册，北京：人民出版社，1972年版，第432页。

被应用”。第二种是“产品同生产行为不能分离，如一切表演艺术家、演说家、演员、教员、医生、牧师等等的情况。在这里，资本主义生产方式也只是在很小的范围内能够应用，并且就事物的本性来说，只能在某些领域中应用”①。在这两种情况下，尽管资本主义生产只在某些领域中存在并保持一定的规模，但马克思在这里已经明确指出，文化生产领域存在着资本参与。这种“具有离开生产者和消费者而独立的形成”的文化产品，具有商品的性质，在生产与消费的过程中可以进行交易流通，同时借助于机械复制与网络信息技术可以进行批量生产，从而使文化产品由小众垄断转向大众共享，在此意义上，具备了文化产业中文化产品的主要特征，而马克思所暗示的文化产业也由此诞生。

二、精神生产理论中隐含的关于文化产业的价值

马克思有关精神生产理论是其唯物史观和政治经济学的重要组成部分。研究马克思对于精神生产的相关论述，对于今天文化产业的发展依然具有现实指导意义。

马克思认为，人的生命活动的表现形式是丰富多样的。人不仅需要满足“肉体需要”的物质生产，还需要满足“精神需要”的精神生产。因此，从这个意义上看，马克思认为：“人的需要是丰富的”，“人的生产是全面的”②。马克思把精神生产理解为“全面生产”的一部分，是“按照美的规律来建造”③ 的生产，是“不受肉体需要的支配也进行”的生产，是人的“真正的生产”，这是从人的角度考察精神生产的。

在资本主义条件下，商品经济的渗透性、竞争性和资本的扩张性，使得资本主义生产方式具有开放性，最终使得个体国家的生产与消费活动具有世界性与全球性。为此，马克思在《共产党宣言》中指出：“资产阶级，由于开拓了世界市场，使一切国家的生产和消费都成为世界性的了。……过去那种地方的和民族的自给自足和闭关自守状态，被各民族的各方面的互相往来和各方面的互相依赖所代替了。物质生产是如此，精神生产也是如此。各民族

① 《马克思恩格斯全集》第26卷，第Ⅰ分册，北京：人民出版社，1972年版，第442-443页。
② 马克思：《1844年经济学哲学手稿》，北京：人民出版社，1985年版，第53页。
③ 马克思：《1844年经济学哲学手稿》，北京：人民出版社，1985年版，第54页。

的精神产品成了公共的财产。民族的片面性和局限性日益成为不可能，于是由许多种民族的和地方的文学形成了一种世界的文学。”① 马克思提出的精神生产世界性的趋势在当今经济全球化时代进一步增强，使得文化产业的发展面临以下问题与挑战：诸如如何正确处理好精神文化产品生产的民族性和世界性、全球化与本土化等关系，如何处理借鉴、吸收世界优秀文化成果与抵制外来精神垃圾之间的关系等。

三、文化继承观点与文化产业

马克思文化观的一个重要内容即文化具有继承性。他认为，人们并不是随心所欲地创造和改变历史的，而总是在既定的、由过去继承下来的物质条件和精神条件的基础上创造历史。马克思曾指出：“人们自己创造自己的历史，但是他们并不是随心所欲”。恩格斯也曾指出：“历史思想家在每一科学领域中都有一定的材料，这些材料是从以前的各代人的思维中独立形成的，并且在这些世代相继的人们的头脑中经过了自己的独立的发展道路。”② 根据马克思、恩格斯的观点，我们可以看出，文化发展不仅受“外在事实”的制约，还必须按自身的逻辑规律向前发展，即在继承历史上的思想资料和吸收其他民族的优秀文化成果的基础上实现文化的进一步发展。这对于当今社会主义文化产业的发展，尤其是在对传统文化与西方文化的态度上，具有一定的借鉴作用和启发意义。

四、文化的作用与文化产业

众所周知，文化是社会发展的摇篮，是一个民族的灵魂，是社会文明的内在本质，是社会进步的前进动力。恩格斯很早就指出：“文化上的每一个进步，都是迈向自由的一步。”③ 从根本上说，文化是提高人的素质、促进社会经济发展的不竭源泉和深厚根基，是综合国力的重要标志。在任何时期，我们都要高度重视和大力发展文化事业和文化产业。新时期发展文化产业，有利于满足人们的发展和消费的需要，丰富人们的消费内容，增加人们对

---

① 《马克思恩格斯选集》第 1 卷，北京：人民出版社，1995 年版，第 276 页。
② 《马克思恩格斯选集》第 4 卷，北京：人民出版社，1995 年版，第 727 页。
③ 《马克思恩格斯选集》第 3 卷，北京：人民出版社，1972 年版，第 120 页。

艺术和美的享受。马克思指出："艺术对象创造出懂得艺术和能够欣赏美的大众——任何其他产品也都是这样。因此，生产不仅为主体生产对象，而且也为对象生产主体……消费生产出生产者的素质。"[①]"钢琴演奏者刺激生产，部分地是由于他使我们的个性更加精力充沛，更加生气勃勃，或者在通常的意义上说他唤起了新的需要"[②]。这些都昭示着文化产业和文化产品，对于满足人民群众精神文化的需求，促进社会经济和文化的发展，具有着重大的作用。但是，值得注意的是：我们倡导的文化产业，提供的必须是高层次的精神文化产品和服务。只有这样的精神文化，才像马克思所说的能够"向我们放射出崇高的精神之光"，是"人的本质力量的新的证明和人的本质的新的充实"[③]。

五、文化生产力与文化产业

马克思主义经典作家虽然没有就文化生产力进行过专门而集中的论述，但他们在分析和批判资本主义生产关系时，或多或少地涉及了文化生产力这一重要概念[④]。人类总在一定的生产力水平上发展，正如马克思所言，人们不能自由地选择生产力，人类总是在以行为表现的既有生产力水平上从事生产活动。文化也是生产力，它合理地内含着生产力的要素。马克思文化生产力理论表明，文化是一种生产，而且是一种大规模的社会生产。作为一种大规模的社会生产，它并不只是个别艺术家的精神生产活动，它天然地具有社会生产的基本特征，包含生产、分配、交换、消费等基本环节，同时在市场经济条件下，具有文化产业运作的全过程。文化活动本来就不是单纯的精神活动，马克思文化生产理论合理地含有市场经济时代生产的全部特征。随着传播媒介的高速发展和信息时代的来临，文化生产日益成为当代经济生活的一部分，成为复杂的现代化大生产的一部分。随着影视、出版、音像、文学艺术、新闻传播、娱乐、体育、旅游、广告等行业以及互联网、版权、创意等的不断发展，日渐形成一个完整而庞大的文化产业门类。

---

① 《马克思恩格斯选集》第2卷，北京：人民出版社，1972年版，第95页。

② 《马克思恩格斯全集》第46卷（上册），北京：人民出版社，1979年版，第264页。

③ 《马克思恩格斯全集》第42卷，北京：人民出版社，1979年版，第140页。

④ 杜学文：《重视文化在综合国力中的重要作用》，载《光明日报》，2003年3月5日。

第二节 毛泽东思想中的文化建设理论

毛泽东是中国共产党第一代领导集体的核心，是中国伟大的无产阶级革命家、政治家和思想家，他历来重视文化建设，《新民主主义论》是其系统、全面阐述新民主主义文化观的纲领性文件。进入社会主义时期以后，他又提出了一系列适合当时国情的社会主义文化建设的观点与理论，并孜孜以求，领导全党和全国人民将中国现代文化建设带上了崭新的通衢大道，为我国社会主义文化建设事业的永续发展打下了厚实的基础。

一、正确认识文化与经济的关系

1940 年 1 月，《新民主主义论》的发表，是我党关于新民主主义文化建设理论成熟的标志。毛泽东在文中对文化的本质内涵做了科学的界定，揭示了文化与政治、经济的内在关系，这是对马克思主义唯物史观的进一步丰富和发展。毛泽东指出："一定的文化（当作观念形态的文化）是一定社会的政治和经济的反映，又给予伟大影响和作用于一定社会的政治和经济；而经济是基础，政治则是经济的集中的表现。这是我们对于文化和政治、经济的关系及政治和经济的关系的基本观点。"① 他在文中明确地将社会划分为政治、经济和文化三大领域。

基于上述论点，毛泽东以伟大的胸襟和高远的情怀，认真审视文化的价值，并根据当时中国社会的发展现状，站在拯救民族、建设新中国的高度，高瞻远瞩，确立了与时俱进的文化发展纲领。他指出："我们不但要把一个政治上受压迫、经济上受剥削的中国，变为一个政治上自由和经济上繁荣的中国，而且要把一个被旧文化统治，因而愚昧落后的中国，变为一个被新文化统治因而文明先进的中国。一句话，我们要建立一个新中国。建立中华民族的新文化，这就是我们在文化领域中的目的。"②

---

① 《毛泽东选集》（第 2 卷），北京：人民出版社，1991 年版，第 663-664 页。
② 《毛泽东选集》（第 3 卷），北京：人民出版社，1977 年版，第 1081 页。

二、广采博取、兼收并蓄

文化的革故鼎新和薪火相传，要求我们一方面正确处理古今关系，另一方面科学对待中国与外国的关系。毛泽东在文化的继承与发展问题上有着独到见解，他要求既要批判地继承和发展中华历史文化遗产，又要善于吸收和借鉴外国优秀文化。他指出："我们决不可拒绝继承和借鉴古人和外国人，哪怕是封建阶级和资产阶级的东西。但是继承和借鉴决不可以变成替代自己的创造，这是决不能替代的。"① "我们信奉马克思主义是正确的思想方法，这并不意味着我们忽视中国文化遗产和非马克思主义的外国思想的价值。"② 他还指出："继承中国过去的思想和接受外来思想，并不意味着无条件地照搬，而必须根据具体条件加以采用，使之适合中国的实际。"③ "应当以中国人民的实际需要为基础，批判地吸收外国文化。"④ 对于中国古代文化，也是如此。根据文化发展的继承性和融合性特点，毛泽东首先提出要批判地继承中华文化遗产，在历史地、辩证地分析基础上做到"古为今用"。他认为："从孔夫子到孙中山，我们应当给以总结，承继这一份珍贵的遗产。"⑤ 以此作为发展民族新文化、增强民族自信心的必要条件。毛泽东同志对于外来文化，主张"凡属我们今天用得着的东西，都应该吸收"⑥，并且反对"全盘西化"论，强调："不要全盘西化。应该学习外国的长处，来整理中国的，创造出有中国自己的、有独特的民族风格的东西。"⑦ 在借鉴和吸收的基础上，做到"洋为中用"。毛泽东的这些思想启示我们，应该依据中国的实际需要，按照"为我所用"的原则，吸收和借鉴外国的一切进步文化和先进经验，丰富我们文化精神食粮的辅原料，对于当今建设中国特色社会主义文化强国无疑是深刻而富有教益的。

---

① 《毛泽东选集》第3卷，北京：人民出版社，1991年版，第860页。
② 《毛泽东文集》第3卷，北京：人民出版社，1996年版，第191页。
③ 《毛泽东文集》第3卷，北京：人民出版社，1996年版，第192页。
④ 《毛泽东选集》第3卷，北京：人民出版社，1991年版，第1083页。
⑤ 《毛泽东选集》第2卷，北京：人民出版社，1967年版，第665-669页。
⑥ 《毛泽东选集》第2卷，北京：人民出版社，1990年版，第706-707页。
⑦ 《毛泽东著作选读》（下），人民出版社，1996年版，第753页。

三、百花齐放、百家争鸣

重视文化建设，是毛泽东一直坚守的理念。在刚刚步入社会主义建设时期，广大人民迫切希望经济和文化能够迅速发展，毛泽东为顺应人民的要求，依据文化发展的自身规律，提出并确定了党指导科学文化工作和促进社会主义文化繁荣的基本方针："百花齐放、百家争鸣"。之后，毛泽东意识到，社会主义国家面临的一个严峻考验，即为满足广大人民群众不断增长的文化需求，迫切需要创造出丰富的文化成果，以显示出比资本主义更为优越的特点。因此他又指出，"百花齐放、百家争鸣"政策不是一个短时期内执行的权宜之计，我们应将其作为社会主义文化建设必须长期坚持和贯彻的文化方针和发展战略。"双百方针"的确立和不断发展，是以毛泽东为代表的中国共产党人实事求是科学判断的结晶，是党对文化工作的指导思想由新民主主义到社会主义的一个飞跃，既符合中国当时国情，又符合文化事业发展的客观规律，是对发展马克思文化思想做出的独特贡献之一。因此，"双百"方针一经提出，立即在社会各界尤其是知识界引起强烈的反响。

四、民族的科学的大众的文化

毛泽东独具匠心地提出了"民族的、科学的、大众的"文化理论，是其充分运用唯物辩证法的立场、观点和方法，依据当时社会历史条件和主要斗争任务，并结合中国文化传统与民族特色提出的伟大理论，是指导无产阶级文化实践的中国化了的正确的文化建设思想。所谓民族的，它是反对帝国主义压迫和世界霸权主义，主张维护中华民族的尊严和独立，它是始终带有中华民族的鲜明特性和个性，是一种"正确把握民族的实际与特点的文化"①。所谓科学的，"它是反对一切封建思想和迷信思想，主张实事求是，主张客观真理，主张理论和实践一致的"。所谓大众的，它是民主的。"它应为全民族中百分之九十以上的工农劳苦民众服务，并逐渐成为他们的文化"②。毛泽东对此概括指出："新民主主义的政治、经济、文化，由于其都是无产阶级领导

① 《张闻天选集》，北京：人民出版社，1985 年版，第 252 页。

② 《毛泽东选集》第 2 卷，北京：人民出版社，1991 年版，第 706-708 页。

的缘故，就都具有社会主义的因素，并且不是普通的因素，而是起决定作用的因素。”[①] 这决定新民主主义文化是通向社会主义的，它可以孕育出新的社会主义文化，换句话说，它可以为社会主义文化的产生提供必要的条件。

五、关于文化建设的前进方向和依靠力量

关于文化建设的前进方向和依靠力量，毛泽东提了三个要求：其一，文化建设必须坚持以马克思主义作为指导原则，这是保证文化的先进性的根本。毛泽东认为，文化作为历史的社会的产物，在人类社会的发展进程中不断前行和发展，而“文化革命是在观念形态上反映政治革命和经济革命，并为它们服务的”[②]。毛泽东在战争时期就提出：“应当努力在工人阶级中宣传社会主义和共产主义，并适当地有步骤地用社会主义教育农民及其他群众。”[③] 其二，文化建设要始终朝着“为人民服务”和“为社会主义服务”的方向不断前进。唯物史观的基本观点认为，人民群众是创造历史的主人，“人民，只有人民，才是创造世界历史的动力”[④]。劳动人民对人类社会发展做出了巨大贡献，我国历史上的许多文化成就都是广大劳动人民创造的。“为什么人的问题，是一个根本的问题，原则的问题”[⑤]。他主张，新文化必须服务于人民，“我们所做的一切，都是为人民服务”，并反复强调，“我们的文学艺术都是为人民大众的，首先是为工农兵的，为工农兵而创作，为工农兵所利用的”[⑥]。从价值旨归的维度可见，毛泽东的文化观是以人民本位创造新世界的文化观，这与马克思、恩格斯的文化观求得无产阶级解放的价值旨归在本质上具有高度的一致性。其三，强调要调动国内外一切积极因素为社会主义事业服务。在社会主义事业的建设中，包括文化建设，工人和农民是最基本的力量。从科学技术与知识分子的关系看，知识分子也是文化事业建设的重要组成部分。

---

① 《毛泽东选集》第2卷，北京：人民出版社，1991年版，第704-705页。
② 《毛泽东选集》合订本，北京：人民出版社，1964年版，第659页。
③ 《毛泽东选集》合订本，北京：人民出版社，1964年版，第665页。
④ 《毛泽东选集》第3卷，北京：人民出版社，1991年版，第1031页。
⑤ 《毛泽东选集》第3卷，北京：人民出版社，1991年版，第857页。
⑥ 《毛泽东选集》第3卷，北京：人民出版社，1991年版，第863页。

第三节　当代中国特色社会主义文化观

文化是与特定时代相联系的特定民族的思维方式、价值观念、理想人格和审美情趣的统一体。文化不仅有横向的广博性与包容性，而且有纵向的时代（阶段）的承继性与嬗变性[①]。在20世纪末形成和发展起来的当代中国特色社会主义文化观，是在继承和发展马列主义和毛泽东文化思想的基础上形成的文化建设理论，一直指导和引领着当代社会主义文化建设和文化产业的不断发展。

一、邓小平的文化发展理论

邓小平是党的第二代中央领导集体的核心，是中国改革开放和现代化建设的总设计师，他在长期的中国革命和建设过程中，始终高度重视文化工作，改革开放以来，在领导我国人民进行中国特色社会主义建设的伟大实践进程中，科学地阐述了社会主义精神文明理论、"三个面向"的文化发展战略和优先发展教育的战略。

（一）提出社会主义精神文明建设理论

人类活动在改造客观世界和主观世界的过程中创造了多种财富，邓小平明确地把社会文明或文化划分为物质文明和精神文明，并科学地阐述了精神文明的内涵，在马克思主义文化发展史上具有重要意义。邓小平指出："建设社会主义不但要有高度的物质文明，而且要有高度的精神文明。""我们要在建设高度物质文明的同时，提高全民族的科学文化水平，发展高尚的丰富多彩的文化生活，建设高度的社会主义精神文明。"[②] 之后他进一步界定了精神文明的内涵，指出："所谓精神文明，不但是指教育、科学、文化（这是完全必要的），而且是指共产主义的思想、理想、信念、道德、纪律、革命的立场和原则，人与人的同志式关系，等等。"[③] "国际主义、爱国主义都属于精神

① 段联合等：《当代中国马克思主义文化观》，北京：中国社会科学出版社，2011年版，第1页。
② 《邓小平文选》第2卷，北京：人民出版社，1994年版，第208页。
③ 《邓小平文选》第2卷，北京：人民出版社，1994年版，第367页。

文明的范畴。”① 在这里，邓小平并非仅仅将文化的范畴局限于“社会主义精神文明”，而是将其从传统的文化、教育、科技等领域，逐渐拓展到涵盖共产主义理想信念、思想道德以及革命立场、纪律、原则的意识形态领域，进一步丰富和扩展了文化建设的内涵与外延，为当代中国文化的发展指明了方向和道路。邓小平在思想建设方面，强调开展马克思主义理论的学习，以“加强我们工作中的原则性、系统性、预见性和创造性”②，强调教育人民树立社会主义、共产主义的理想和信念，并表示，如果“没有这样的信念，就没有凝聚力。没有这样的信念，就没有一切”③；强调“发扬爱国主义精神，提高民族自尊心和民族自信心，否则我们就不可能建设社会主义，就会被种种资本主义的势力侵蚀腐化”④；强调弘扬艰苦奋斗的创业。提倡艰苦创业精神，“我们的国家越发展，越要抓艰苦创业精神，也有助于克服腐败现象”⑤。

邓小平在社会主义改革开放和现代化建设的新的历史时期，反复强调，建设有中国特色的社会主义，一定要在建设高度的物质文明的同时，建设高度的精神文明。强调文化工作要服务、服从于社会主义经济建设这个中心，要坚持为人民服务、为社会主义服务的方向。强调精神文明是社会主义社会的重要特征。“建设社会主义的精神文明，最根本的是要使广大人民有共产主义的理想，有道德，有文化，守纪律。”⑥ 从以上论断可以看出，邓小平同志将精神文明建设提高到社会主义社会重要特征的高度，而且他从马克思主义唯物史观出发，认识到在人类社会发展中发挥根本性、决定性作用的是生产力的发展，在生产力的发展中最为活跃、起着最为积极的作用的是人的素质。邓小平结合中国社会主义发展的根本任务，阐明了社会主义现代化建设对劳动者素质的基本要求，明确提出了社会主义精神文明建设的根本目标。社会主义精神文明建设的思想“是建设有中国特色社会主义理论体系的主要组成部分。……深刻领会邓小平同志关于精神文明建设的思想，对于我们全面贯彻党的基本路线，加强社会主义精神文明建设和思想战线的工作，搞好改革

① 《邓小平文选》第3卷，北京：人民出版社，1993年版，第28页。
② 《邓小平文选》第3卷，北京：人民出版社，1993年版，第147页。
③ 《邓小平文选》第3卷，北京：人民出版社，1993年版，第190页。
④ 《邓小平文选》第2卷，北京：人民出版社，1994年版，第369页。
⑤ 《邓小平文选》第3卷，北京：人民出版社，1993年版，第306页。
⑥ 《邓小平文选》第3卷，北京：人民出版社，1993年版，第28页。

开放和现代化建设，具有深远的指导意义”①。

（二）提出“三个面向”的文化发展战略

针对教育领域一系列的改革与发展问题，邓小平提出了“三个面向”的要求，即“教育要面向现代化、面向世界、面向未来”。“面向现代化”，要求文化建设要具有时代意识，努力把握时代的基本特征，解决现代社会的问题，顺利实现文化的现代化转型。“面向世界”，要求文化建设要具有世界眼光，努力把握世界发展的态势，借鉴世界先进文明成果，回应世界的挑战，从而实现中华文化走向世界的历史目标。“面向未来”，要求文化建设具有前瞻意识，把握文化发展的历史潮流与方向，达到引领世界文化潮流的长远目标。“三个面向”战略的提出，为当时教育事业的发展确立了宏观的方向。但站在历史角度来看，其更重要的意义在于为新时期整个文化领域指明了具有现实意义的发展道路，“三个面向”的文化发展战略，内含了“古为今用、洋为中用”的文化建设原则与文化价值评价标准，结束了新中国成立初期在文化的“古今中西”关系上形而上的思维与绝对化的倾向。因此，在新旧文化交融之际，面对传统文化的取舍问题，既要立足传统智慧、尊重历史经验，又要回应时代要求，“面向未来”。同时，在“面向未来”的要求之下，努力推动中华传统文化的现代化转型。此外，在具体对待中华传统文化与西方外来文化的关系上，邓小平指出，要将中西文化中具有“普遍意义和共性的东西”同中国现实结合起来，创造出一种更具生命力，既适应中国个性又适应世界共性的新文化。

（三）优先发展教育的战略

邓小平一直把教育摆在优先发展的战略地位。他深刻认识到，教育在文化建设中的重要性，教育是关系到国家和民族的生存与发展，以及人的全面发展和社会的全面进步的大事。他指出：“我们要实现现代化，关键是科学技术要能上去，发展科学技术，不抓教育不行。”② “不抓科学、教育，四个现代化就没有希望，就成为一句空话。”③ 此外，邓小平还极为重视知识分子的力量和作用，反复强调在改革开放的新时期，要大力营造“尊重知识，尊重

---

① 中共中央文献研究室编：《十四大以来主要文献选编》（下），北京：人民出版社，1999年版，第2072页。

② 《邓小平文选》（第2卷），北京：人民出版社，1994年版，第68页。

③ 《邓小平文选》（第2卷），北京：人民出版社，1994年版，第369页。

人才”的社会氛围，并把知识分子的作用与党的战略目标结合起来，鲜明地突出了邓小平同志对教育、对知识分子的关注程度。邓小平有一句名言：“我们国家，国力的强弱，经济发展后劲的大小，越来越取决于劳动者的素质，取决于知识分子的数量和质量。”① 这就充分体现了在整个社会主义现代化的发展进程中，知识分子问题同我国社会主义现代化事业的命运紧密联系。在社会主义现代化建设过程中，知识分子是优秀精神产品的生产者、“四有”公民的教育者、先进思想的传播者和科学技术的开拓者。

二、江泽民的社会主义先进文化理论

江泽民同志是党的第三代中央领导集体的核心。自十三届四中全会以来，他一直高度重视文化建设和文化方面的研究，紧密结合社会发展和变化了的时代条件和新的历史条件，提出了“三个代表”重要思想和中国先进文化建设的理论，并把“先进文化的前进方向”的问题提到关系社会发展命运和前途的战略高度，不仅对建设中国特色的社会主义文化具有重要的指导意义，而且在新的历史条件下坚持并丰富发展了马克思、恩格斯的文化观和毛泽东、邓小平的文化观，是马克思主义中国化的创新成果，其中蕴含的富有时代特色的文化观，成为新世纪建设有中国特色的社会主义文化、坚持先进文化前进方向的根本指针。

在党的十五大报告中，有中国特色社会主义文化建设被提高到重要位置，被作为党在社会主义初级阶段基本纲领的重要组成部分。江泽民指出：“建设有中国特色社会主义文化，就是以马克思列宁主义为指导，以培育有理想、有道德、有文化、有纪律的公民为目标，发展面向现代化、面向世界、面向未来的民族的科学的大众的社会主义文化。”② 有中国特色社会主义文化的思想渊源可以追溯到优秀的中华传统文化，中华民族五千年文明史是其汲取的丰富养料，此外，有中国特色社会主义的实践也是中国特色社会主义文化提出和产生的实践沃土，富有鲜明的时代特点。报告把文化建设作为党在社会主义初级阶段基本纲领之一，解决了新时期文化的历史定位和社会结构定位

---

① 《邓小平文选》（第3卷），北京：人民出版社，1993年版，第120页。

② 中共中央文献研究室编：《十五大以来主要文献选编》（上），北京：人民出版社，2000年版，第19页。

问题，是新时期文化建设不可偏离的指针。江泽民的社会主义先进文化理论是我党历史上继新民主主义文化之后的又一次文化建设理论的新飞跃，也表明了党对文化建设的认识愈加深刻并拥有高度的文化自觉。

在十五大报告中，江泽民还对文化理论做出了以下贡献：一是明确指出中国特色社会主义文化同社会主义精神文明的内在关系："有中国特色社会主义文化，就其主要内容来说，同改革开放以来我们一贯倡导的社会主义精神文明是一致的。文化相对于经济、政治而言。精神文明相对于物质文明而言。只有经济、政治、文化协调发展，只有两个文明都搞好，才是有中国特色的社会主义。"① 二是揭示了文化建设在现代化建设中的作用，具体从文化的凝聚力、激励力以及综合国力等方面来展开论述。他指出："有中国特色社会主义的文化，是凝聚和激励全国各族人民的重要力量，是综合国力的重要标志。"② 江泽民从文化建设的角度发展了邓小平提出的"综合国力论"，认为精神力量特别是中华民族精神和民族凝聚力都是综合国力的重要组成部分。这是对马克思主义文化理论的又一重大发展，是我们党第一次把社会主义文化提升到综合国力的高度来重视。

此外，江泽民还与时俱进地提出了一些文化建设理论。针对文化产业在经济中的地位日渐凸显，被誉为21世纪的朝阳产业和支柱产业这一现实，江泽民多次提到发展文化产业问题。他指出："发展各类文化事业和文化产业都要贯彻发展先进文化的要求，始终把社会效益放在首位……完善文化产业的政策，支持文化产业发展，增强我国文化产业的整体实力和竞争力。"这是我们党在文化建设认识上的一次重大突破，为我国文化产业的发展提供了理论基础。文化产业已经成为文化国力的重要构成部分和表现，先进文化如果游离于产业化之外，不主动去占领市场，失去的不仅仅是经济效益，更是思想文化的主动权，意味着听任平庸、落后、守旧等各式各样的文化意识形态在社会生活中渗透与加强。反之，积极推进先进文化的产业化，将有利于扩大先进文化的影响，在社会大众中强化先进文化的导向。因此，发展文化产业是市场经济条件下满足人民群众不断增长的精神文化需求、进一步推动和繁

① 中共中央文献研究室编：《十五大以来主要文献选编》（上），北京：人民出版社，2000年版，第35页。

② 中共中央文献研究室编：《十五大以来主要文献选编》（上），北京：人民出版社，2000年版，第39页。

荣社会主义文化建设的重要途径。

三、胡锦涛的文化软实力思想

胡锦涛是我们党和国家卓越的领导人。他在2006年中国文联第八次全国代表大会和中国作协第七次全国代表大会上的讲话中指出："如何找准我国文化发展的方位，创造民族文化的新辉煌，增强我国文化的国际竞争力，提升国家软实力，是摆在我们面前的一个重大现实课题。"这是党的文献中第一次使用"软实力"这一概念。在党的十七大报告中，胡锦涛同志再次深刻地指出："当今时代，文化越来越成为民族凝聚力和创造力的重要源泉、越来越成为综合国力竞争的重要因素。"党的十七届六中全会为中国文化建设描绘了宏伟蓝图，提出："发展面向现代化、面向世界、面向未来的，民族的科学的大众的社会主义文化，培养高度的文化自觉与文化自信，提高全民族文明素质，增强国家文化软实力，弘扬中华文化，努力建设社会主义文化强国。"提高国家文化软实力是关系我国综合国力和最广大人民的利益的大事，因此，胡锦涛特别要求从以下几个方面建设和提高我国的文化软实力。

（一）坚持马克思主义理论在我国文化建设和发展中的指导地位，着力构建社会主义核心价值体系

意识形态是文化建设的灵魂和核心，决定了一个国家文化发展的方向和性质。每个国家都注重在文化产品中注入自己的核心价值，我国的文化建设必须立足于社会主义国家的性质，努力占据世界思想文化的制高点。在党的十六届六中全会上，胡锦涛同志创造性地提出"建设社会主义核心价值体系"的历史命题。2007年胡锦涛同志进一步强调："大力建设社会主义核心价值体系，巩固全党全国各族人民团结奋斗的共同思想基础。"① 在十七大报告中，他提出"社会主义核心价值体系是社会主义意识形态的本质体现"的论断，同时强调"积极探索用社会主义核心价值体系引领社会思潮的有效途径，主动做好意识形态的工作"。可以看出，胡锦涛同志一再强调要坚定不移地用马克思主义理论指导我国的文化建设，要以创新的精神加强社会主义核心价值体系的建设，以社会主义先进文化为引领，努力弘扬我国深厚而优秀的思想文化传统，积极借鉴世界各国思想文化的有益成分，从根本上提升我国的文

① 胡锦涛：《在中央党校省部级干部进修班上的重要讲话》，载《人民日报》，2007年6月26日。

化软实力，创造民族文化新的辉煌，为中华民族的伟大复兴做出应有的贡献。

（二）扩大文化交流，赋予传统文化时代特色

党中央做出大力弘扬中华传统文化的战略部署后，海内外学者和广大民众普遍给予了高度评价和积极支持。当今时代，世界多极化和经济全球化的深入发展，使得文化与经济、政治联系日益密切，文化已经成为国家核心竞争力的重要因素。中国加强文化软实力建设的自信，重点体现在妥善处理三对关系上：一是传统与现代的关系，强调对中国文化根的尊重与扬弃；二是民族与世界的关系，强调对外国文化的包容和借鉴；三是守成与创新的关系，强调对中国文化魂的坚守和创新。国家文化软实力根本在于文化的吸引力和感召力，具体表现为文化的国际吸引力和文化产品的国际竞争力。中华民族文化在国际上有非常广泛的影响力，推动中华民族传统文化走出国门、走向世界，积极展示我们良好的国家形象和优秀精神文明成果，是我国加强同世界多元文化相互交流、相互借鉴的重要措施。因此，我们必须立足于当下时代，以全球化的思维和眼光赋予传统文化的时代特征，厘清中华传统文化中有益的思想价值，对这些思想价值进行适应时代和社会要求并为国际社会所接受的创造性转化，不断增强我国文化产品的国际竞争力。此外，建设文化软实力时，要做到“积极学习和借鉴世界各国人民创造的一切文明成果，博采众长，厚积薄发，推陈出新，在人类文艺发展史上谱写更加绚丽多彩的篇章”[①]。同时，扩大对外文化交流，吸收世界先进文化成果和发展经验。

（三）大力加强和谐文化建设和构建社会主义核心价值体系

“和谐文化是以崇尚和谐、追求和谐为价值取向，融思想观念、思维方式、行为规范、社会风尚为一体，反映着人们对和谐社会的总体认识、基本理念和理想追求的文化体系”[②]。和谐文化也是当今世界最先进的思想文化之一。“建设和谐文化，是构建社会主义和谐社会的重要任务”[③]，是十六届六中全会通过的《中共中央关于构建社会主义和谐社会若干重大问题的决定》中提出的明确要求。科学发展观是胡锦涛思想的重要体现，其主要内容包括：

① 《胡锦涛总书记在中国文联第八次全国代表大会和中国作协第七次全国代表大会上的讲话》，载《人民日报》，2006 年 11 月 11 日。

② 段联合等：《当代中国马克思主义文化观，北京：中国社会科学出版社，2011 年版，第 175 页。

③ 《胡锦涛总书记在中国文联第八次全国代表大会和中国作协第七次全国代表大会上的讲话》，载《人民日报》，2006 年 11 月 11 日。

"第一要义是发展，核心是以人为本，基本要求是全面协调可持续发展。"①它是马克思主义中国化的最新成果，是关于人类社会发展思想的最新概括。和谐文化建设要以科学发展观为指导方针，并要以社会主义核心价值体系为根本内核。和谐文化就是在社会主义核心价值体系的导引下，以社会各种文化元素、文化形式的协调互动和有机统一为根本特征的文化，体现了在多样文化共存的历史条件下的文化自觉，其根本目的就在于协调和整合社会生活中出现的多种多样的文化，一元引导多样，使之成为和谐有序的文化。当下，我们正处于一个思想活跃、文化交融碰撞的时代，先进文化与腐朽落后文化共存，正确思想与错误观念混杂、主流意识形态与大众文化相互交织。在这样的历史条件下，建设先进文化，发展和谐文化，必须坚持文化的意识形态性，用社会主义核心价值体系引领和整合多样化的思想文化，使先进文化得到发展，落后文化得到改造，健康向上的文化得到支持，低级腐朽文化得到遏制，使社会主义文化在多样互动中得以大繁荣。总之，建设和谐文化，离不开社会主义核心价值体系的引领和主导。

总体来说，当代中国特色社会主义文化理论和有关文化产业建设理论的主要思想体现在以下五个方面：一是我们建设的文化是社会主义文化，努力实现有中国特色社会主义这一共同理想，是我们建设中国特色社会主义文化和社会主义文化产业的根本目标。二是建设的这种文化是富有鲜明的民族特色和民族风格的文化。三是我们建设的文化是面向世界的和开放的文化。发展社会主义文化，必须具有世界眼光，充分体现时代精神和创新精神，始终提倡学习和吸收国外的先进文化。四是我们建设的文化是面向现代化和未来的文化。社会主义文化建设的目的就是培养"有理想、有道德、有文化、有纪律"的"四有"公民，这是一项关系到中华民族振兴和社会主义事业取得全面胜利的基础性工程。五是我们建设的文化是以满足最广大人民的文化生活需要和全面发展为根本宗旨的文化。国家强调大力进行文化建设和发展文化产业的主要目的是满足广大人民精神文化生活的需要，是提升全体社会成员的文化素质和精神追求，是为人民群众服务的，而不是为少数人提供孤芳自赏的精英文化。

① 《中国共产党第十七次全国代表大会文件汇编》，北京：人民出版社，2007 年版，第 14 页。

第四节　国内外关于“文化产业”的研究

当今世界，作为新兴的朝阳产业——“文化产业”（Culture Industry）在世界各国经济发展中占有日益重要的地位。自20世纪80年代中期以来，我国文化产业开始蓬勃兴起，对我们而言，文化产业还是一个新生事物。在实践中，亟须对文化产业进行理论上的宏观性指导和前瞻性引导，唯有如此，才能把握正确方向，少走弯路，加快发展。然而目前，我们关于文化产业理论的研究远远滞后于快速发展的文化产业实践，我国对于文化产业的相关研究尚处于探索阶段，缺乏学术界的总结性研究和前瞻性探索。尽管近年来学界关于文化产业的研究日益活跃，但是有关文化产业概念的内涵和外延依然众说纷纭，即使在世界其他国家，由于受各国经济文化发展状况和具体生产方式的影响，在实践层面上对文化产业概念的认识和界定也不尽相同。在此情形下，我们更有必要关注文化产业的概念界定，本着真理越辩越明的学术态度认真探析文化产业的相关理论问题。

一、国外关于文化产业的研究

作为一种新的文化发展形态和文化现象，文化产业的出现并为大众所认识，源于法兰克福学派对大众文化和“文化工业”的批判。“文化产业”（Culture Industry）一词，最早是由德国法兰克福学派的重要代表人物之一瓦尔特·本雅明（Walter Benjamin）在其1926年出版的《机械复制时代的艺术作品》一书中首创，之后于1947年由法兰克福学派的另两位学者阿多诺（Thedor adono）和霍克海默（Max horkhermer）出版的《启蒙辩证法》一书中明确提出。他们认为：“文化产业是指生产领域中广为人知的商品逻辑和工具理性，在消费领域同样引人注目。闲暇消遣、艺术品与一般意义上的文化，为文化产业所过滤；随着文化的高雅目标与价值屈从于生产工程与市场的逻辑，交换价值开始主宰人们对文化的接受。高雅文化所奋力追求的最佳产物，如家庭与私人生活的传统结合形式、幸福与满足的允诺、对完全不同的他者的渴望等，让位于孤立的、受人操控的大众，参与着具有最低共同点的可替代性的大众商品文化。”[①] 此后，西方各国学者从不同的角度和背景对文化产业的概念和内涵进行了界定，但由于视角不同，各抒己见，还没有比较统一的观点和权威性的解释。

澳大利亚著名经济学家大卫·索斯比（David Throsby）在其《经济学与文化》一书中对文化产业做出了以下定义：文化产业是以创造性思想为核心的向外延伸与扩大，是以“创造”为核心并与其他各种投入相结合而组成各类文化产品的经济集合[②]。这一定义主要是从内容上对文化产业的特征作了比较到位的阐释。

英国把文化产业称为创意产业，英国的创意产业包括广告、建筑、艺术和古董市场、手工艺、时尚设计、电影、互动休闲软件、音乐、电视和广播、表演艺术、出版和软件等 13 个部门[③]。英国曼彻斯特大学贾斯廷·奥康纳（Justin o'connor）认为：“文化产业是指以经营符号性商品为主的那些活动，这些商品的基本经济价值源自于它们的文化价值。”[④] 英国伦敦经济和政治学院学者安迪 C. 普拉特（Andy C. Pratt）认为：“文化产业与以文化形式出现的材料生产中所涉及到的各种活动有联系（这些文化形式如电影、电视、戏剧、音乐及美术），在全球化时代构成一个巨大的产业链，包括内容的创意、生产输入、再生产和交易四个链环，相互交融构成庞大的文化产业生产体系。”[⑤] 英国著名媒体理论家尼古拉斯·加纳姆（Nicholas Carnham）从经济学角度把文化产业定义为：“那些使用同类生产和组织模式如工业化的大企业的社会机构，这些机构生产和传播文化产品和文化服务。如报纸、期刊和书籍的出版部门、影视部门、音乐出版部门、商业性体育机构等等。”[⑥]

美国学者斯科特（Allen J. Scott）认为，文化产业是“指基于娱乐、教育和信息等目的的服务产出和基于消费者特殊嗜好、自我肯定和社会展示等目

① ［英］迈克·费舍斯通：《消费文化与后现代主义》，译林出版社，2000 年版，第 19–20 页。

② 孙安民：《文化理论与实践》，北京：北京出版社，2005 年版，第 8 页。

③ 张彩凤，苏红燕：《全球化与当代中国文化产业发展》，济南：山东大学出版社，2009 年版，第 12 页。

④ 林拓等：《世界文化产业发展前沿报告》，北京：社会科学文献出版社，2004 年版，第 6 页。

⑤ 林拓等：《世界文化产业发展前沿报告》，北京：社会科学文献出版社，2004 年版，第 6–7 页。

⑥ 林拓等：《世界文化产业发展前沿报告》，北京：社会科学文献出版社，2004 年版，第 115 页。

的的人造产品的集合”①。美国的大卫·赫斯蒙德夫认为，文化产业通常指的是与社会意义的生产最直接相关的机构。因此，几乎所有关于文化产业的定义都应该包括电视、无线电广播、电影、书报刊出版、音乐的录音与出版产业、广告以及表演艺术等②。法国则认为文化产业特指“传统文化事业中特别具有大量复制性的产业”③。日本把文化产业称为娱乐观光业。1998 年，联合国教科文组织将文化产业定义为“按照工业标准生产、再生产、储存以及分配文化产品和服务的一系列活动”④。以下是世界各国关于文化产业分类和内容的一种表述（见表 1－1）。

表 1－1　不同国家关于文化产业分类与内容

国别	表述方式	涵盖内容
韩国	文化产业	电影相关产业；音乐唱片、录像带、游戏产品相关产业；出版、印刷物、定期刊行物相关产业；放送影像产品的相关产业；文化财产相关产业；体现艺术性、创意性、娱乐性、休闲性、大众性，创造经济附加价值的任务造型、动画、设计（产业设计除外）、广告、演出、美术品、工艺品相关产业；从事数字化文化内容收集、加工、开发、制作、生产、储存、检索、流通等相关服务的产业；其他由总统令确定的传统服装、食品等产业
英国	创意产业	英国所指的文化产业常常包括：广告、建筑、艺术和文物交易、工艺品、设计、时尚设计、电影、互动休闲软件、音乐、表演艺术、出版、软件和计算机服务、电视广播，还包括与之相关的旅游、酒店、博物馆和美术馆、文化遗产和体育等（分为三大类：传统艺术类，包括视觉艺术、手工艺术、戏曲、说唱艺术、音乐欣赏与表演艺术、文学、博物馆与画廊等；古典的文化产业类，包括广播、报刊、传媒、电影与模拟电视、音像、出版、设计与建筑艺术等；新媒体产业，主要是与当前数码技术有关的各类媒体产品。包括互联网、手机、各种数字娱乐与媒体）

① ScottA J. Cultural-products Industries and Urban Economic Development: Prospects for Growth and Market Contestation in Global Context [J]. Urban Affairs Review, 2004, 39 (4).

② ［美］大卫·赫斯蒙德夫：《文化产业》，张菲娜译，北京：中国人民大学出版社，2007 年版，第 12 页。

③ 海江，谭翔浔：《对文化产业概念的辨析》，载《学术探索》，2005 年第 2 期。

④ 林拓等：《世界文化产业发展前沿报告》，北京：社会科学文献出版社，2004 年版。

（续表）

国别	表述方式	涵盖内容
印度	娱乐与媒介产业	电影业、电视业、广播业、唱片业和出版业（有些相关的内容产业或者旅游、信息服务等产业不被政府视为产业）
日本	娱乐观光业	文化艺术业，音乐及戏剧演出、电影制作及放映、美术展览；信息传播业，出版、电视、网络；体育与健身；个人爱好与创作，包括历史、文字、摄影、登山及其相关的各种讲座等；娱乐，包括各种游戏、博彩、竞赛等；观光旅游业
德国	文化经济	私营商业文化企业，即文化经济（culture economy），主要指图书、电影、音乐及其他视听产品、艺术品市场、私营戏院，以及与以上三方面相关的网络信息系统
法国	文化产业	法国比较避讳使用“文化产业”的概念，它在文化发展方面不太信赖市场的作用，而更相信国家的扶持和庇护。直到近几年，法国政府才开始提出自己的文化产业概念，但是在管理政策的制定方面还是体现出了明显的非市场色彩。主要包括为展现传统服务的文化基础设施建设、文化设施的管理、图书出版、电影、旅游业等方面
美国	版权产业	狭义的文化产业，是指以版权产业为核心，包括出版发行业、新闻业、广播影视业、网络服务业、广告业、计算机软件业、信息及数据服务业等行业；广义的文化产业，是指除了版权产业以外，还包括文化艺术业（含表演艺术、艺术博物馆、艺术创作、演出娱乐等）、非营利性产业（历史古迹和公园、图书馆、博物馆等）、体育业等

二、国内关于文化产业的研究

我国文化产业虽然起步于20世纪80年代，但我国政府首次使用“文化产业”这一概念则见于2000年《中共中央关于制定国民经济和社会发展第十个五年计划的建议》中。其间，随着国际学术界文化经济问题探讨的深入以及中国社会主义市场经济体制的确立、文化体制改革的深入和文化产业的兴起，中国文化经济问题越来越突出，引起了学界的广泛关注。在1985年召开的上海文化发展战略研讨会上，于光远率先提出建立中国自己的文化经济学的主张。此后，程恩富、刘诗白、高占祥、方家良、胡惠林、花建、谢名家、叶取源、叶朗、许嵩龄、张晓明、章建刚、林拓、孙安民、孟晓驷、厉无畏、苑洁、苑利、邹广文、张胜冰、向勇、熊澄宇、张彩凤、范建华、吕庆华等一批学者，相继出版了文化经济学、文化产业理论、文化产业发展报告、文化遗产开发和保护等方面的论著。但我国专家学者关于文化产业的概念也同样存在着广泛的争议，现摘录部分观点如下：

胡惠林认为："文化产业是一个以精神产品的生产、交换和消费为主要特征的产业系统。"①

陈少峰认为："文化产业是文化概念所涵括的多种类别中的一个类别，它在本质上是文化的关联产物，而不是文化的核心内涵。"②

张志宏认为，所谓文化产业，是指通过工业化和商品化方式进行的文化产品和文化服务的生产、交换和传播。文化产业是生产文化产品和提供文化服务的行业，以满足人们的文化需求为主要目标③。

张晓明认为，在最抽象的意义上，文化产业可以定义为生产文化意义内容的产业。按照文化意义创作与生产的不同环节，可以将文化产业区分为"文化意义本身的创作与销售"，"负载文化意义的产品的复制与传播"以及"赋予一切生产活动和产品以文化标记"三重不同的定义。按照上述定义，他把文化产业分为三个层次：文化创作业、文化制作与传播业和一切以文化意义为基础的产业④。

花建认为，文化产业是指文化产品的制造、销售、服务，它的范围比较宽泛。他认为文化产业是以文化内容的创造为核心，通过市场化和产业化的组织，大规模提供文化产品和文化服务的经济形态⑤。

目前沿用较多的是 2004 年 3 月国家统计局《文化及相关产业的分类》（国统字〔2004〕24 号文）的定义："文化产业是指为社会公众提供文化、娱乐产品和服务的活动，以及与这些活动有关联的活动的集合。这些活动主要

① 胡惠林：《文化产业发展与国家文化安全》，广州：广东人民出版社，2005 年版，第 124 页。

② 陈少峰，朱嘉：《中国文化产业十年》（1999—2009），北京：金城出版社，2009 年版，第 2 页。

③ 江蓝生，谢绳武：《2001—2002 年：中国文化产业发展报告》，北京：社会科学文献出版社，2002 年版，第 276 页。

④ 刘玉珠，金一伟：《WTO 与中国文化产业》，北京：文化艺术出版社，2001 年版，第 66-68 页。

⑤ 花建：《产业界面上的文化之舞》，上海：上海人民出版社，2002 年版，第 45-46 页。

包括：文化产品制作和销售活动；文化传播服务；文化休闲娱乐服务；文化用品生产和销售活动；文化设备生产和销售活动；相关文化产品制作和销售活动。”①

三、文化产业的主要功能

当今时代，文化产业具有极其重要的社会功能。在节奏越来越快的现代生活中，人们对于文化生活和产品的需求也越来越高，相应地，文化产业在社会发展中的地位与功能的重要性日益凸显。

（一）文化产业具有经济增长功能

文化产业作为一种新兴的、特殊的“产业”类型，其文化产品的生产和消费作为一种特殊的经济活动，在拉动经济增长方面有着特殊的功能。首先，它在当今的市场经济格局中，日渐成为一个新的经济增长点。文化产业的兴起，意味着现代经济增长方式开始发生革新性转变：由工业经济时代开始向知识经济时代迈进。当代世界各国，以传媒、娱乐、旅游、教育、体育、咨询等为代表的文化产业发展速度已经超过了其他产业。具体就中国而言，文化产业的迅速崛起所带来的经济效益是巨大的。具有国际竞争力的文化产业群的形成、新的城市就业空间的开辟等事实是充分的证明。其次，对社会和经济的推动效益具有关联性与整体性。当代社会，市场经济高度发达，各个行业之间的发展相互渗透，任何行业的发展，都不可能是一种孤立的行为，因而文化产业在创造自身价值的同时，也必然带动相关产业的发展。文化产业所关联的产业已经相当宽泛，如广播电视产业将带动音像、影像、游戏软件、家电、通信设备、广告展览等产品及服务市场；文化娱乐业将推动城市旅游、宾馆、餐饮、交通、演艺市场；文化产业的公共参与性及其擅长制造大众流行的特点，推动服装业、美容业及各类延伸产品市场的发展；各类先进的文化设施的建设，将有力配合高科技转换为市场优势，并带动建筑业和制造业市场等等。最后，依托可重复开发利用的文化资源为支撑的文化产业，具有知识技术含量高、投资回报期短等行业优势，具有长期可持续发展的行业前景，因而文化产业成了经济领域中最具创新能力并能获得丰厚收益的产业，一直受到社会资本的热切关注，正呈现出巨大的发展潜力，是现代经济

① 胡惠林：《文化产业通论》，昆明：云南大学出版社，2007 年版，第 93 页。

发展新的增长点。

（二）文化产业具有思想引导功能

文化产品具有强烈的意识形态属性，我国著名学者胡惠林认为，“文化产业已经成为一种意识形态”[①]。所谓意识形态，是指支配人和社会的价值选择体系[②]。文化产业的意识形态功能就是指能影响支配人和社会进行价值选择的一种功能。文化产业的经济活动是人类智慧外化的一种形式，它承载着人类对生命对象的理解和思考，记载着思想、感情的过程。在文化产品的“有意识的生产过程”、消费过程中，它本身所包含的精神因素得以传承、传播，潜移默化地影响人们的生活习惯、文化心态、认知心理乃至世界观。“文化要素越来越成为意识形态的主要组成部分，意识形态的凝聚力和吸引力逐步由主要通过政治方式，向以文化为主要表现力的综合方式转变。作为意识形态内核的政治思想和政治纲领日益与文化结缘，更多地借助文化和道德力量获得更加广泛而卓有成效的传播，逐步内化到人们的生活世界之中。”[③] 对于我国来说，通过文化产业倡导社会的主流文化、弘扬社会的先进文化，推动社会经济发展和政治文明建设，宣扬社会主义制度的优越性，是未来我国文化产业发展的重要方向。

（三）文化产业具有知识教育功能

作为先进思想文化的重要载体，文化产业具有传播知识、教育民众的功能。优秀的文化产品不仅可以满足人们知识、技能、经验等方面最基本的需求。在此基础上，有助于人们逐渐掌握自然与社会发展规律，进而满足人们对于真理与真知的需求。文化产品中所蕴含的知识，不仅能增强人们认识世界的能力，而且能增强人们改造世界的能力，是一种间接的社会生产力。

第一，文化产业能以产业化的生产方式广泛地传播科学文化知识。现在，包括教育业等广大文化产业都是以传承人类丰富的文化知识为宗旨而展开的，它本身即是一个明确的具有知识功能的产业群[④]。发达的文化产业有利于提高大众的文化修养和文化素质。众所周知，人们是通过不断学习来获得和提高

---

① 胡惠林：《文化产业发展的中国道路》，上海：上海人民出版社，2004 年版，第 40 页。

② 姚国华：《文化立国》，深圳：海天出版社，2002 年版，第 47 页。

③ 侯惠勤：《我国意识形态建设的第二次战略性飞跃》，载《马克思主义研究》，2008 年第 7 期。

④ 邹广文，任丽梅：《科学发展观与中国文化产业实践》，北京：中央编译出版社，2009 年版，第 78 页。

文化修养和文化素质的。无论是报刊出版业，还是广播电视业，抑或是艺术表演业、文化旅游业，都能让消费者足不出户就能放眼世界，了解社会，知晓历史，开阔自己的知识视野，丰富自己的心灵世界，学习和体悟为人处世的道理。目前，隶属事业单位的青少年宫、图书馆、博物馆等，都具有扩大视野、增加阅历、提高智能等功能①。第二，文化产业具有很好的知识传播优势，有着方便快捷、潜移默化等知识教育的优点。文化企业通过不断地开发新的文化产品，以及通过具有文化内涵和思想品位的文化服务，让文化消费者在快乐和愉悦中获得某些思想认识，增强明辨是非的能力，培养人们学习文化的兴趣，从而使人们学习文化的方式更加主动，接受学习的过程更加愉快。尤其是现在电视和互联网的普及，为文化知识的学习创造了便捷的条件，人们可以通过远程教育授课，也可以在网上搜索以释疑解惑。

（四）文化产业具有娱乐交往功能

人是文化的存在，文化起着生活润滑剂的作用，发挥着娱乐和交往的功能。所谓娱乐，是指人们愉悦身心、宣泄情绪、平衡心理的过程。从结构上看，娱乐有“娱耳娱目”的感官层面、“怡情愉志”的心理层面和“陶冶情操”的精神层面②。文化产业为人们提供的产品，既可追求各层面娱乐价值的平衡，也可以侧重于其中的某一层面。由于侧重的娱乐价值的层面不同，其文化产品的文化品位也就各不相同。现代社会，都市大众尤其是年轻的白领阶层拼命工作，努力享受，在快节奏的生活方式下，人们的身心压力也越来越大，容易在工作中造成紧张、焦虑、精神郁闷以及心理不适等状况，迫切需要文化产业所生产出的文化产品和服务进行调节。“更重要的还在于，在现代社会，城市文化产业所提供的大众文化（或经营性文化）具有协调人与机械的平衡，为技术时代人的焦虑提供宣泄性治疗的功能。”③ 面对这种快节奏、机械化的现代生活，传统的娱乐方式很难满足人们的感官、心理、精神需求。而一些新兴的娱乐方式例如 KTV、影视、电玩、动漫、体育运动、演唱会、舞会等等，逐渐成为人们工作之余休闲娱乐的主要方式。这些娱乐方式可以

① 欧阳友权：《文化产业通论》，长沙：湖南人民出版社，2006 年版，第 69 页。

② 邹广文，任丽梅：《科学发展观与中国文化产业实践》，北京：中央编译出版社，2009 年版，第 79 页。

③ 陈立旭：《都市文化与都市精神——中外城市文化比较》，南京：东南大学出版社，2002 年版，第 193 页。

将宏伟的景观、幽默的故事、惊险的情节、高雅的艺术、震撼的音乐等等展现、呈送给消费者，让其身心从重压下得到释放、解脱，缓和现代生活给人类带来的压抑感。

第五节　社会主义文化产业的核心特征

文化产业作为一种新型的产业形态，与其他传统产业相比，它融经济与文化为一体，具有技术化、商业化、市场化和产业化等一般特征。社会主义文化产业因发生的国情背景、文化政策和价值取向的不同，不仅具有一般意义上文化产业的基本特征，还具有社会主义文化产业的核心特征，具体表现为先进的价值观、鲜明的民族性、显著的人民性以及突出的资源型。

一、先进的价值观

文化既有产业商品属性，又有意识形态属性，它属于上层建筑的范畴。文化产业的经济价值固然重要，但是其意识形态作用不可忽视。文化产业的研发、生产过程及其产品产出均体现出它与某种意识形态的统一性。无论在世界上的任何一个国家，文化产业都是坚定地维护、支持其自身独特的价值观体系的产业。社会主义核心价值是指引领我国社会民众建设优良价值观的，具有基础性、重要性和引导性的价值。作为中国特色社会主义文化建设重要组成部分的社会主义文化产业，必须坚持以社会主义核心价值观作为自身的精神内核，并自觉承担“固定和物化”社会主义核心价值观的历史重担。社会主义文化产业可以发挥自身的优势，赋予文化产品社会主义核心价值，让消费者在享受文化产品和服务的过程中，潜移默化地接受社会主义核心价值的熏陶，自觉认同社会主义核心价值。综上所述，社会主义文化产业不仅可以生产出大量的经济价值，而且可以创造出另一种无法衡量的精神 GDP，即积极向上的社会主义人格与优雅、丰富的个性。

二、鲜明的民族性

由于自然条件、社会环境以及历史传统等方面的差异，不同民族、国家、地区的文化产业的发展道路与模式也各有不同。民族性是社会主义文化产业的显著特征和天然属性。社会主义文化产业根植于中华民族的历史文化传统之中，积淀着数千年来华夏儿女最深层的精神追求。这里所谓的民族性，其关键在于符合中国国情，具有中华民族特性的寓意。民族性是一个本民族文化与外来文化最显要的区别标志。我们所要发展的社会主义文化产业，必须坚持民族性，保持整体的稳定性与规范性，无论在内容还是形式上，要富有中国气派和中国风格，都要体现中华民族特色。在经济全球化的浪潮面前，社会主义文化产业的民族性，是体现中华民族唯一性、独特性的重要保证，同时也是我国文化产业的国际化标签，在增强集体荣誉感、影响力与应对外来挑战与冲击方面，起着至关重要的作用。

三、显著的人民性

人民性即是大众性、民主性①。毛泽东认为，大众的文化“即是民主的，它应为全民族中百分之九十以上的工农劳苦民众服务，并逐渐成为他们的文化”②。

社会主义文化产业的建设主体是广大的人民群众，其服务对象同样也是人民群众。作为社会主义文化产业建设主体的人民群众，他们的智慧、力量是文化创造、创意取之不尽的智力源泉。因此，在发展社会主义文化产业的过程中，要坚持人民群众的主体地位，尊重并鼓励人民群众的首创精神。不同于其他产业，在文化产业中，最重要的生产要素并不是原材料、土地、技术、机器设备等，而是人以及人所产生的创意。同时，作为社会主义文化建设的重要组成部分，文化产业建设必须坚持“二为”方针，即为人民服务，为社会主义服务。发展文化产业为人民服务，即意味着对服务对象坚持以人为本。文化产业的产品必须是满足最广大人民群众利益与需要的产品，具有大众性、共享性。

四、突出的资源型

与传统产业相比，文化产业的优势在于其以可再生、可重复利用的文化资源为基础。而作为文化产业关键的人的智力与创意同样也是取之不尽、用之不竭的。这两方面因素相结合，大大降低了文化产业的资源成本，显著提

① 段联合等：《当代中国马克思主义文化观》，北京：中国社会科学出版社，2011 年版，第 38 页。
② 《毛泽东选集》第 2 卷，北京：人民出版社，1991 年版，第 708 页。

高了文化产业的经济效益。当今世界，文化产业的发展模式主要有以下两种：第一，“以高科技支撑为核心的技术导向型产业发展模式”①。以动漫强国日本为代表，动漫产业已经成为日本文化产业的支柱产业，同时在国际范围内颇具影响力和竞争力。究其原因，在于日本有着领先于国际水平的动漫制作技术。第二，大力挖掘、整合本国独特、传统的文化资源，加以包装、开发。以奥地利为例，该国依托本国独有的传统民族文化资源，别出心裁地打造出了享誉世界的“萨尔茨堡”艺术节。上述两种发展模式，并无优劣、先进、落后之分，关键在于适合本民族、本国家的历史传统与经济发展水平。由于我国的幅员辽阔、历史悠久，中华文化具有种类繁多、类型多样、区域特色明显的特征，因此我国的文化产业有着足够的发展空间和充足的资源准备，这也是我国发展文化产业的巨大优势。基于我国文化资源充裕的国情，我们应放眼国内外市场，分析当下及今后的文化消费潮流，提炼传统文化中具有时代价值与经济效益的中华元素，结合现代技术，将文化的资源优势转化为文化产业的经济优势。

① 杜开林：《中国特色社会主义文化产业发展研究》，南京师范大学博士论文，2011 年。

第二章 “中华元素”的激活与创新

一种文化形态能够在世界范围内流行，除了通过武力强权进行直接的强制推广，以及通过经济贸易进行间接的潜移默化，还可以通过文化形态本身具有强盛的生命力与影响力。我们古老的中华文明曾经深刻地影响着西方，独具魅力特色的“中华元素”在西方强势盛行。17世纪前，世界80%以上的发明创造都出自中国人之手①。究其原因是因为我们的经济、政治、文化、社会生活等方方面面都是那个时代的领跑者，是当时中国先进的文化与生活方式被选择与接受的一种必然。

然而，一种文化如果长期固守传统、因循守旧，排斥外来文化，拒绝吸收异质文化的新鲜养分，缺少交流与碰撞，无疑将会使文化失去生机和活力，不利于国家的文化创新和发展。任何国家、民族只有在与各国文化的不断交流中才能获得发展的新动力、新内容。但在与外来文化接触时，如果自身底蕴不足，则又存在被异质文化同化的危险。一旦我们文化中的中国民族色彩黯淡，我们文化的社会主义属性消失，必将削弱我们文化的整体实力、竞争力与影响力，进而会削弱我们的民族凝聚力与向心力。在这方面，邓小平早已强调：“决不允许把我们学习资本主义社会的某些技术和某些管理的经验，变成了崇拜资本主义外国，受资本主义腐蚀，丧失社会主义中国的民族自豪感和民族自信心。”②

中华民族从明到清经历了由开放到封闭、由奋进到衰落、由先进到落后的历程，文艺复兴兴起后，西方开始冲破中世纪宗教思想的禁锢，开始新的历史征程。而同一时期的中国，正处于封建专制集权日渐强化的明代，对思

① 李伯淳：《中华文化与21世纪》，北京：中国言实出版社，2003年版，（序一）第1页。
② 《邓小平文选》第2卷，人民出版社，1994年版，第262页。

想的钳制、对异端的打击与西方社会形成鲜明对比。尔后的清朝，推行闭关锁国政策，中外之间正常的思想文化交流基本上处于停顿与隔绝的状态。直到1840年的鸦片战争爆发，西方列强用填装着中华民族发明的火药，打开了古老中国的大门，随后迫使清政府与之签订了一系列不平等条约，中国的主权几乎丧失殆尽，国家积贫积弱到了极点，中华文明遭受重挫。忧患意识向来是中华文化血液中的一种活力、一种素质、一种基因、一种生命之流的冲动。在民族危机日渐深重的局势下，以文化精英为代表的中国人，既没有消沉绝望，也没有丧失勇气，而是纷纷探寻救国救民的道路，围绕“加速历史进程”为主题，积极地表达了历史主体自觉创造文化的意志和能力①。在这一百年中，无数先驱前仆后继，屡败屡起，愈战愈勇。其间，康有为、梁启超发动的戊戌变法、孙中山领导的辛亥革命是这一时期具有里程碑意义的重大历史事件。改革开放以来，中国大踏步地走上了国家振兴之路，中国政府在发展经济、改善民生的同时，坚决捍卫民族文化安全，致力于传统文化复兴，复兴中华文化已然成为一个古老民族走向复兴的题中之义。21世纪之初，中国政府又审时度势，提出了构建和谐社会、和谐世界的宏伟蓝图。和谐是中华文明的精髓与宗旨，郑必坚先生在论及和谐世界理念时指出，中国外交这个核心思维的最深刻的实质内涵，是中华文明的现代化和现代中国在哲学本体论、认识论上向传统中华文化的复归②。标志着中国外交从文化本原上扬弃了西方“天人相分”二分法哲学本体论，向传统的“天人合一”整体主义一元论本体论回归，体现了中华传统文化中“唯精唯一”“尚中和合”的精神实质正在复兴。

历史是极为宝贵的教科书，它记载着辉煌与苦难，浓缩着经验，沉淀着教训，也蕴含着启示未来的智慧。为了中华民族的复兴，无数仁人志士前仆后继、流血牺牲，夺取了新民主主义革命的胜利。为了中华民族的复兴，我们党艰辛探索，确立了社会主义基本制度，作出了改革开放的历史抉择，开辟了中国特色社会主义道路。回顾这段历史，可以说，这是中华民族用鲜血和生命探索救国治国之路的历史，是从封闭保守、消沉萎靡到猛然觉醒、振

---

① 张雄、颜景高：《社会发展的重要视阈：历史转折的文化动因分析》，载《哲学研究》，2009年第12期。

② 魏东升：《“郑必坚纵论：中国和平发展道路与中美关系”》，《紫荆杂志》，2006年第6期。

衣而起的历史，是中华文明挫折与复兴的历史，是中华民族文化逐渐自觉、中华元素开始慢慢激活的历史。今天，当此中华元素贞下起元之际，我们要首先明确出发点何在？是为了“恢复那曾经无比脆弱的文化自信，是要接续那尘封许久的元典精神与价值，是要再现中华文化生机勃勃的活力和创造力。归根结底，这是一次否定之否定的扬弃，是一个凤凰涅槃的过程，是一项返本开新的事业”①。

第一节　民族文化的识别及界定

当下世界文化的竞争越来越激烈，“文化成了一个舞台，各种政治的、意识形态的力量都在这个舞台上较量。文化不但不是一个文雅平静的领地，它甚至可以成为一个战场，各种力量在上面亮相，互相角逐”②。在这个多元文化交杂激荡的时代，如何保持民族文化个性，实现中华民族文化复兴和“中国梦”，已成为中国学界无法回避的一个重要课题。

一、中华、民族、文化及其相关概念

“中国”和“中华民族”是当代两个耳熟能详的词语，在日常用语中被广泛运用，其语义是在长期的历史发展中萌发、逐渐成形并最终确定。“中国”较早见于周代，初义为“中央之城”，指代周天子所居京师，而与“四方”对称，后又衍化出诸夏列邦、国境之内、中央之国、中等之国等多种含义。“中国”作为与“外国”对等的国家概念，萌发于宋代。国体意义上的“中国”概念，是在与近代欧洲国家建立条约关系时正式出现的。辛亥革命以后，“中国”先后作为“中华民国”和“中华人民共和国“的简称，以正式的国名被国人共用，并被国际社会普遍接受和认可。古汉语的“族”“族类”，是区分“内华夏、外夷狄”的旧式民族主义的概念，而双音节的“民族”一词，乃是近代民族主义概念，以往多认为是从日本输入的。按照经典

① 郑新立：《文化建设与国家软实力》，北京：外语教学与研究出版社，2010 年版，第 94 页。

② ［巴基斯坦］萨义德著，李琨译：《文化与帝国主义》，北京：生活·读书·新知三联书店，2003 年版，第 4 页。

马克思主义的定义：民族是指“人们在历史上形成的一个有共同语言、共同地域、共同经济生活以及表现于共同文化上的共同心理素质的稳定的共同体”①。从时序划分，则有原始民族、古代民族、现代民族②。在全球化的语境下，今天人们讲民族，又有广义与狭义之分。广义的民族指的是中华民族，也就是以汉族为主体，由56个不同的民族组成的现代国家民族；狭义的民族指的是组成中华民族的各个民族。“中华”是“中国”与“华夏”的复合词之简称，较早出现于华夷混融的魏晋南北朝，《魏书》《晋书》多有用例③。“华”通“花”，意谓文化灿烂，所谓中国“有服章之美，故谓之华”④。华夏先民建国于黄河中游，自认中央，且文化发达，故称“中华”至近代，“中华”则逐渐成为指认全中国的一种文化符号。由“民族”与“中华”组合而成的复合词“中华民族”出现于晚清，曾与“中国民族”同位并用。梁启超的《中国史叙论》（1901年）中出现“中国民族”“四万万同胞”⑤，是指历来生息于中国的诸族总称。费孝通指出：“中华民族作为一个自觉的民族实体，是近百年来中国和西方列强对抗中出现的，但作为一个自在的民族实体，则是在几千年的历史过程中形成的。”⑥ 总之，我们现在普遍使用的“中华民族”一词的含义，是中国境内56个民族的总称，对内强调民族平等，对外力争民族解放、国家独立。

“文化”（Culture）是一个广泛使用的概念，其外延非常宽泛，学界对文化概念的界定众说纷纭，在不同的科学领域有不同的解释，古今中外各种典籍对文化的定义也是众说纷纭。在汉语文献中，《易经》中所说的“关乎天文，以察时变。观乎人文，以化成天下”具有“人文化成”之意。“文”是指色彩错杂的花纹，“化”指感化、影响、教育。“观乎人文，以化天下”，

---

① 斯大林：《马克思主义和民族问题》，《斯大林全集》第2卷，北京：人民出版社，1953年，第294页。

② 冯天瑜：《“中国”、“中华民族”语义的历史生成》，载《河南大学学报（社会科学版）》，2012年第6期。

③ 《魏书·礼志》：“下迄魏晋，赵秦二燕，虽地处中华，德祚微浅。”《魏书·宕昌传》也有用例。《晋书·刘乔传》：“今边陲无备豫之储，中华有杼轴之困。”

④ 《左传·定公十年》：“裔不谋夏，夷不乱华。”孔颖达疏：“中国有礼义之大，故称夏，有服章之美，故谓之华。”

⑤ 梁启超：《饮冰室合集》（1），《饮冰室文集》之6，北京：中华书局，1989年版，第12页。

⑥ 费孝通：《中华民族多元一体格局》，北京：中央民族学院出版社，1989年版，第36页。

是说观察人为的文饰，从而制成天下之礼仪制度①。而文化一词的连用，最早见于汉代刘向《说苑·指武》：“凡武之兴，为不服也，文化不改，然后加诛。”这里的“文化”，是指“文治和教化”，与武力征服相对应。“文治”一词比“文化”还早——“文”，主要指美、善的行为品德和文辞、法令等；“文治”，又多指借助“礼乐制度”的社会治理。如《礼·祭法》：“文王以文治，武王以武功。”又如《论语·子罕》云：“文王既没，文不在兹乎。”朱熹《四书集注》：“道之显者谓之文，盖礼乐制度之谓。”可见，汉语中的文化概念，原本就具有文治（制度）和教化（培养人）的含义。在西方学界，“文化”这一概念长期以来就包含一些模糊的范畴，它包括个人的生命经历、实体的艺术品、文本、物品，甚至还包括对于艺术的专业论述、文化工业的商品化产出、日常生活的文化表述，以及前述各种范畴之间的复杂互动②。文化一词作为名词进入人们的意识形态领域之后，也同时进入了人文科学的各个领域。哲学家康德对文化的定义是：“有理性的实体为了一定的目的而进行的能力之创造。”这种“创造”，是指人类在精神和肉体两个方面由受自然力统治的“原始状态”向统治自然力的状态的逐步发展。康德认为，文化从一开始就不属于个人，而属于整个民族和人类。学术概念的文化，是1871年由英国人类学家、文化学家的创始人爱德华·泰勒在《原始文化》一书中第一个提出的，他把文化和文明等同起来，为文化寻找到更为广泛的意义：“文化，或文明，就其广泛的民族学意义来说，是包括全部的知识、信仰、艺术、道德、法律、风俗以及作为社会成员的人所掌握和接受的任何其他的才能与习惯的复合体。”③。这个定义，至今仍为人类学界所普遍接受。克利福德·格尔兹说过：“文化是通过符号在历史代代相传的意义模式，它将传承的观念表现于象征形式中。通过文化的符号体系，人与人得以相互沟通、绵延传续，并发展出对人生的知识以及对生命的态度。”④

在我国，自20世纪80年代起，出版的专著和论文有葛金国的《论校园

① 李军等：《五经全译》（上），长春：长春出版社，1992年版，第65页。

② 转引自王文洪《全球化背景下的中国海洋文化政策》，陈华兴主编《马克思主义理论研究6》，杭州：浙江大学出版社，2013年版，第245页。

③ ［英］爱德华·泰勒著，连树声译：《原始文化——神话、哲学、宗教、语言、艺术和习俗发展之研究》，上海：上海文艺出版社，1992年版，23页。

④ ［美］克利福德·格尔兹著，纳日碧力戈等译：《文化的阐释》，上海：上海人民出版社，1999年版，第205页。

文化的内涵、特征和功能》（《高等教育研究》，1990 年第 3 期）、郑金洲的《教育文化学》（人民教育出版社，2000 年版，第 61 页）、余秋雨的《何谓文化》（长江文艺出版社，2012 年版），蔡元培的《蔡元培美学文选》（北京大学出版社，1963 年版，第 113 页）、叶皓的《经济搭台，文化唱戏——兼论文化与经济的关系》（南京社会科学，2010 第 9 期）、梁漱溟的《东西文化及其哲学·梁漱溟全集》（第一卷）（山东人民出版社，1989 年版，第 339 页）、杨宪邦的《对中国传统文化的再评价·传统文化与现代化》（中国人民大学出版社，1987 年版，第 5 页）、张汝伦的《文化研究三议》（复旦大学学报，1986 年第 3 期）、张岱年的《文化体用简析·文化与哲学》（教育科学出版社，1988 年版，第 81–82 页）、陈序经的《文化学概观》（中国人民大学出版社，2005 年版，第 28 页）、司马云杰的《文化社会学》（山东人民出版社，1987 年版，第 11 页）、冯天瑜的《中华文化史》（上海人民出版社，1990 年版，第 26 页）、刘守华的《文化学通论》（高等教育出版社，1992 年版，第 6 页）等。1999 年的《辞海》把文化做了广义和狭义两种划分，广义文化是指人类在社会实践过程中所获得的物质、精神的生产能力和创造的物质、精神财富的总和。狭义文化指精神生产能力和精神产品，包括一切社会意识形式：自然科学、技术科学、社会意识形态①。在普遍共识的基础之上，现在我们通常所说的“文化”概念，自表及里应包含以下三个基本层面：第一层面，文化指涉的是人类全部的创造物，即人们通常所说的物质文明和精神文明的总和；第二层面，文化指涉的是人类精神领域里的创造物，其中主要包括人文科学、社会科学、自然科学和艺术等；第三层面，文化表示的是人的主体精神世界，在此层面，文化作为匡正人类行为的内在整合力量，它是人的自由追求、创造能力和超越意识的集中体现。在此意义上，可以将文化的第三层面内涵视为体现文化内在灵魂的“人文精神”②。

二、民族文化的含义及界定

斯大林在《马克思主义和民族问题》一书中指出：“民族是人们在历史上形成的有共同语言、共同地域、共同经济生活以及表现于共同的民族文化特

① 辞海编辑委员会：《辞海》，上海：上海辞书出版社，1999 年版，第 1858 页。

② 邹广文：《社会发展的文化诉求》，保定：河北大学出版社，2004 年版，第 2 页。

点上的共同心理素质这四个基本特征的稳定共同体。"[①] 此定义对我们正确界定民族文化的含义有很大的指导性意义。

对于民族文化的界定，学术界存在着较大的争议。比如，施惟达等人认为，所谓民族文化，就是指除汉族文化以外的少数民族文化，是以求"意"为核心的精神和物质的创造活动，包括少数民族的风俗习惯、技术技艺（艺术）、符号语言、群体组织、观念心理等[②]。而本论文所要讨论的民族文化，是指包括当代56个民族以及曾活跃在中国历史舞台上的古代各民族在内的中华民族，在数千年缔造统一的多民族国家的历史发展过程中，所创造出的一切物质文明和精神文明的优秀成果。

那么，民族文化是如何产生的？决定民族文化的原因是什么？文化人类学家们已经对这些问题作出了思考并有了答案。

传播论者认为，文化是因为传播而发展的。无论是以弗里德里希·拉策尔为代表的德奥传播学派，还是以威廉·詹姆斯·佩里为代表的英国传播学派，都主张（他们更愿意用"民族"这个词）文化是起源于一个地方，然后再通过学习或迁移，从一个民族到另一个民族、从一个地方到另一个地方传播开来的。与此相关的观点认为，共同地域是界定民族文化的一个重要方面，这是著名的人类学家萨丕尔、克鲁德、克拉克洪等文化区域理论学派的思考。

环境论者认为，文化是人类与环境之间的关系的中介，因而文化的特性是由环境所决定的。环境论者的新理论是文化生态学。文化生态学的创始人斯图尔德主张，文化是在特殊的环境下逐步发展起来的，特殊的文化起源并持续发展于特殊的自然地理环境。或者说，特殊的文化起源及发展要从特殊的自然地理环境中去寻找答案。生态自然自古以来就被学者纳入民族个性研究的视野。古希腊希波克拉底、柏拉图和亚里士多德等人的论著中都认可地理环境、气候条件等对社会组合与民族个性的影响。孟德斯鸠、伏尔泰、黑格尔等都有许多关于自然环境的描述。此外，我们研究民族文化和深入把握文化个性，"更重要的钥匙，是文化诸要素的不同组合方式"[③]，强调剖析文化个性的内在结构。

---

① 《斯大林全集》第11卷，北京：人民出版社，1955年版，第286页。

② 施惟达等：《文化与经济：民族文化与产业化发展》，昆明：云南大学出版社，2011年版，第2页。

③ ［日］源了圆：《日本文化与日本人性格的形成》，北京：北京出版社，1992年版，第6页。

三、中华民族个性

文化个性是“表现在地方共同体群中的文化特质和文化集结的聚合”①。民族个性实乃指文化的个性，文明、文化和民族，在某种意义上具有一致性的内涵。汤因比把迄今为止存在过的文明分为三大类：正常生长的文明、夭折的文明和停滞的文明②。不同的类型的文明和不同的“挑战与迎战”的情况有关。汤因比认为，文明诞生于艰难的环境。但“挑战”的强度必须有一个适中的量才能导致文明的诞生：刺激过弱，应战不足以产生文明，如斯拉夫人；刺激过强，要么无法抵抗，导致文明的夭折，导致“流产的文明”，如极西方的基督教文明和极北方的斯堪的那维亚文明；要么应战精力过分耗费，即所谓“用力过猛”，导致“停滞的文明”，如爱斯基摩社会、游牧社会、波里西尼亚社会、斯巴达社会和奥斯曼社会。《日本文化论》一书中提出基于基督教文化与希腊文化的西方文明和基于佛教或儒教文化的东方文明的“两种文明原理”论。

所谓民族个性，就是民族的特性，是民族文化认同的标识，是一个民族、种群的认知方式、行为方式、情感取向、心理结构等因素在漫长的历史中的积累结果，能够反映民族精神、民族特性的价值观念、人格追求、群体品性、伦理情趣等思想文化的本质特征，构成了一个民族集体意识中最为稳定的部分，具有不同于别的民族的文化心理和文化结构。民族性是一个民族大多数成员共有的、反复出现的心态和活动方式，是作为民族这种群体全体面貌出现的，通达历史和社会的各个方面。

文化是民族的生命。一个民族之所以能成为民族，是有赖于文化纽带的联结。而且，任何民族都不可能在这个星球独立地存在着，总是或多或少地融入与其他周边民族或外来文化的接触、碰撞或冲突中，作为民族的文化个性也是在与他者的交往、接触、碰撞或冲突的过程中逐渐形成并成熟的。因此，对中华民族个性的界定，我们要将中华文化置于世界文化的视野中做历史的分析。中华文明是世界古代文明始终没有中断、连续五千多年发展至今的文明。“盖并世列强，虽新而不古；希腊罗马，有古而无今。惟我国家，亘

① ［美］菲利普·巴格比：《文化：历史的投影》，上海：上海人民出版社，1987年版，第137页。
② 庄国雄，马拥军，孙承叔：《历史哲学》，上海：复旦大学出版社，2004年版，第220页。

古亘今，亦新亦旧，斯所谓‘周虽旧邦，其命惟新’者也。”[①] 这一文明奇观的背后必然隐藏着某些伟大的文化基因和文化奥秘。只有充分了解中华文化的源与流，才能明白这个有着 56 个民族的多元一体的国家为什么饱经沧桑，却始终能够休戚与共，才能明白这个在世界历史上居独特地位的东方文明古国是怎样形成和发展起来的。

概括地说，文化个性标示出的是一种文化群体区别于其他文化群体的文化特质，不同的文化个性是文化长时间凝集的结晶，都有各自的优点和特别的地方，不同的民族其文明也表现出不同特点：古希腊文明对于整个生活的看法有一种突出的审美的观念；古代印度及其亲属文明表现出一种以宗教为特征的观点；西方文明的特点则是机器；法兰西民族热情浪漫；德意志民族严谨善思。中华民族文化的独特个性，主要体现在：勤劳刻苦的品质、天人合一的整体观、辩证思维方法、人际关系（包括民族之间和国家之间的关系）的“人和”观。中华民族正是以天人合一的整体观来认识事物，用辩证思维方法来处理问题，从而达到和谐统一，在五千年的历史长河中能经久不衰、独具魅力，这正是中华文化“魂”之所在。

第二节　中华元素：民族文化的积淀

文化是一个民族的灵魂与血脉，不同国家与民族的独特文化和传统，是其赖以生存、延续的实质条件。在以经济全球化和知识经济为主要特征的 21 世纪，人们更加看重文化的作用，更加强调文化的多样性，更加尊重各民族的历史，更加宽容地看待不同的文明，更强调的是让不同的文化传统和谐共存，彼此取长补短，对整个人类文明做出各自的贡献。珍视与维护文化传统，已经成为一个国家或民族在全球化大潮中健康发展和良性生存的必要条件之一。中国要在世界经济一体化趋势中脱颖而出、和平发展，同样必须倍加珍惜和维护自身的文化传统，更加珍惜和维护中华元素。

① 冯友兰：《国立西南联合大学纪念碑文》，《三松堂自序》，哈尔滨：北方文艺出版社，2014 年版，第 300 页。

一、中华元素的内涵辨析

“元素”一词是自然科学的概念，《辞海》对其有两个解释：一个是在化学领域，指化学元素，如著名的元素周期表中所列的元素；另一个是指在数学领域，用于表明数学集中组成集中的每个事物。所谓“元素”，就是最本质的东西。而将元素前面加一个中华，组成“中华元素”一词，使“中华”和“元素”一词有了更深刻的内涵。“中华”不只是地域概念，而应当涵盖整个中华民族五千年来所创造的伟大的中华文明。中华民族之所以区别于世界其他民族，就是其在广阔的中华大地上千万年来所产生的特有的疆土文化。历史的发展、社会的进步要靠生产力的提高、经济的繁荣，同时，更要有民族文化的传承和创新。

学界关于中华元素的论述相对零散且非常薄弱。文化人类学家克莱德·克鲁克洪（Clyd Kluckhohn）提出，够得上成为文化元素的，必须是那些能够比较容易分离出来的文化特征。比如贴对联、吃年夜饭、祭祖，这几个文化要素联系起来会形成一个具有实际功能的文化事象，那就是中国人的春节。上海财经大学张雄教授提出：“中华元素不是一个僵硬的历史通道，而是作为当代中国人说故事的一个起点，作为当代中国人彰显生活世界感觉时空中的心理遗存物的工具手段，通过这一手段，去积极表达中华民族的过去、现实与未来的文化想象空间。”① 朱裕平（2009）认为，传统文化是一个民族历史上创造的文化的总和，文化遗产是传统文化中传承下来的精华部分，文化元素则是传统文化或者文化遗产的基础构件和象征符号②。上海文化研究中心巫志南博士认为：中华元素，是指在源远流长的中华文明发展过程中，不断出现的精神层面、制度层面、物质层面以及社会各领域具有代表性、为中华各族人民所认同的民族文化元素，也是博大精深的中华文明之基本构成元素。中华元素是在数千年中华各族人民的生产生活实践中产生的，也将在当今中华民族复兴的伟大历史进程中得到丰富和发展③。

---

① 张雄、刘士林：《从事件经济看中华元素的时尚表达》，《文汇报》，2009 年 8 月 8 日。

② 朱裕平：《中华元素的形成规律、文化品格和基本构成》，《上海工艺美术》，2009 年第 3 期。

③ 巫志南：《论中华元素之构成》，见上海民族民俗民间文化博览会组委会编：《解读中华元素——上海文化论坛论文集》，上海：上海锦绣文章出版社·上海故事会文化传媒有限公司，2009 年版，第 17 页。

综合以上分析，笔者的观点是：中华元素是指来自中华传统文化、与其他国家和地区形成差异化、凸显中华民族特色的相关文化要素，是在长期的历史发展过程中逐步积淀而成、具有长期延续性、时代性和国际性的事物、现象和精神，是一种积极正面的符号与精神形象。

二、中华元素的基本特征

“中华元素”同“中国元素”两个名词，意思相近，但还是有区别的，前者重点放在民族的概念上，易使人联想到“中华民族”，而中华民族不仅是指生活在中国土地上的占绝大多数人口的汉族，还包括所有的少数民族，以及生活在海外的华侨与已加入外国国籍的华裔。中华元素在概念上既有历史感，又具精神性。后者突出的是国家概念，自然容易引起“国家”这个政治概念的联想，也易使人想到地域，产生物质性的联想。关于中华元素的特征，仁者见仁，智者见智，可以有不同的描述。但以下几个特征是学界公认的：第一，它发生、发展于中华大地；第二，它经过较长时间的发展、沉淀，世代相传，已成为中华文化的有机组成部分；第三，其形式具有鲜明的中华民族特色，其内容蕴含中华民族的精神。基于目前对中华元素现象与创意作品的研究现状，本文归纳出其基本特征如下：

（一）中华元素是经过长期积淀的具有普遍意义的真理和优秀的价值

所谓具有普遍意义是指在对中华传统文化中选取和运用中华元素的过程中，要从意义层面和价值层面进行发掘和筛选，中华元素必须是具有现实意义和人文关怀的真理，在社会上有着积极的、象征性强的价值。虽然说博大精深的中华文化是世界四大文明中唯一延续至今而没有中断者，但每一种文化多少都会有消极的、庸俗的和劣质的成分存在，这是我们必须承认的客观现实。对于中华文化中这些不良成分，即使它们是习以为常的、带有很强的约定俗成性，或者至今对人们的心理和思维方式还有着深远的影响，我们也不能将它们定义为“中华元素”，含有这些思想的文化元素也不会为现代设计和文化创意所用。

中国传统文化历史悠久，我们现在提倡中华元素、文化创意，不是直接将传统元素拿来炫耀，以显示和宣扬传统文化的悠久历史。而是强调从中华传统文化中提炼出具有意义的、有价值的元素，在传统的文化精髓的基础上进行创新，发掘中华文化元素的现代价值，真正地做到“古为今用”。香港设计师靳埭强之所以设计出了许多具有中国风味而又极具现代价值的创意作品，是因为他有着这样的认识和观念：主张“把中国传统文化的精髓，融入西方现代设计的理念中去，强调中国传统与现代的相融并不是简单相加，而是在对中国文化深刻理解上的融合”①。因此，我们所提的“中华元素”，一定是经过历史长期积淀的，把那些感性碎片的、不能代表历史的因素剔除掉了的，进而沉淀下来的是有普遍意义的真理和优秀的价值。这样的中华元素，一方面极富社会价值和经济价值，被广大人民所认可和接受；一方面因其所承载或包含的和谐理念有利于国际社会健康发展，有利于中华元素走向国际，传播中华民族自古以来一贯奉行的和平发展、和谐发展理念。其中扩大中华文化的国际影响力，是传承和弘扬中华元素、彰显中华元素真理和价值的至关重要的功能。在世界文化多元发展、相互激荡的现实格局中，中华文化可谓独树一帜，中华文化所倡导的和平、和谐理念，对于形成相互尊重、兼容并蓄、求同存异的国际环境，适度缓解、消除国际纠纷和冲突，推动国际正常合作有突出作用。其既是面向世界维护我国良好形象的有力载体，有利于推动中华民族早日实现伟大复兴，也是中华文明对人类文明所做出的新的贡献。比如孔子、汉语、长城、故宫、中国功夫、中华茶艺、丝绸和瓷器等，普遍得到国内外的接受和认可。

（二）中华元素是经过长期民族自我意识、自我筛选承继的结果

中华元素所表达的内涵价值，是中华民族的。其内在气质，体现了中华民族的精神和文化。如同孔子之于儒家文化、京剧脸谱之于类型人物形象、中国结之于中国社会的结构与祈愿，都是具有中华民族独特性质的。这些元素经历了中华民族长期奋斗历史的检验，是经过长期民族自我意识、自觉或不自觉筛选、选择和承继的结果。中华民族历经磨难而屹立于世界民族之林，一个重要原因就在于中华文化强大的生命力，其中那些经过艰苦卓绝斗争而愈益放射出灿烂光辉的中华元素，始终赋予中华民族以信心和勇气；其次，这些元素得到中华民族自古至今的高度认同，这不仅是指在时间洗礼中日益突显，更重要的是在历代先贤的研究、继承、阐发和丰富中，不断融入新的精神意蕴和价值内涵，从某种意义上说，这些元素已经成为中华民族的象征，成为中华民族全体人民崇敬和追随的典范。

① 赵红主编：《广告设计》，北京：清华大学出版社，2013 年版，第 8 页。

（三）文化元素具有鲜明的中华民族特色

“文化元素是中国在历史、文化、人文、地理等方面所特有的，具有独特性、区别性和排他性，这是中华元素的区别性符号特征。”① 不同国家、民族、地区的文化，由于形成发展的自然环境、社会环境和历史传统等方面的差异，因而具有各自的特色，具有鲜明的民族性。中华文化即中华民族文化，是多元一体的中华民族共同创造的文化。在本质上，它是一个开放的发展体系，在漫长的发展过程中，它吸纳了许多外来文化，是四海之内皆兄弟的天下文化。中华文化自诞生之日起，就有自己独立的起源，并始终坚守民族文化的本源，同时又不断与外来文化交流，能积极融合、吸收和转化外来文化。文化的交融是人类历史前进不可阻挡的趋势和潮流。在五千年的中华文化发展史上，曾出现过多次与外国文化的交流和融合现象，其中规模比较大的文化输入有三次：一次是发生在汉代，外来的印度佛教，经历了传入到接受再到不断地“中国化”，最后形成了“禅宗”这个代表性的中华元素，属于中华文化的一部分。第二次发生在盛唐时代，这一时期的文化融合表现出一个突出特点，这种融合不是对外来文化进行简单的模仿与直接地“拿来”，而是对外来文化进行精准的选择和加工。因此这时期形成的文化元素如“唐诗”保持了文化主体本身的稳定性，具有鲜明的中国特色和中华风格。鲁迅对唐代文化就有着很高的评价，据孙伏园的回忆，鲁迅认为：“那时我们的祖先们，对自己的文化抱有极坚强的把握，决不轻易动摇他们的自信力；同时对于别系的文化抱有极恢廓的胸襟与极精严的抉择，决不轻易的崇拜或轻易的唾弃。”② 第三次文化交融是近代西方先进科技与文化的输入。但是这种文化交流仅限于官方层面，在社会上并没有产生广大的深刻的长远的影响。从文化交流可以看出，中华文化虽然一直具有开放性，但始终保持独立的民族性，即使是充分吸收接纳外来文化，也不是不加选择的一概吸收，而是要求必须适应本土文化需要并进行必要的发展转换，使外来文化中国化，最后成为中华文化不可或缺的重要组成部分。中华元素是充满着一个伟大民族的创造历史的记忆，文明经受了重大冲突的一种事件，同时元素中也记载着伟大民族在处理人与自然、人与社会、人与人的那样一个精神张力和理性认知的结果。

① 王鑫：《传承与创新》，中国海洋大学硕士毕业论文，2011 年。

② 孙伏园：《杨贵妃》，《鲁迅先生二三事》，长沙：湖南人民出版社，1980 年版，第 23 页。

把握中华文化元素具有鲜明的民族特色这一典型特征，对于我们积极构建社会主义文化产业意义重大。

（四）文化元素中具有一种积极正面的暗示作用

文化的发展与传承过程同时也是一种选择机制，如何在丰富的历史资源和生活资源中选取中华元素，其选择背后体现的是中华元素所蕴含的价值观。并非一种文化元素都可以被称为中华元素，该元素必须是具有广泛代表性与充分的符号性，能够得到社会民众的民族认同并满足其情感诉求。文化在形成与发展的过程中，不断形成本民族特殊的社会心理、共同性格特点与主流价值观，并反作用于整个民族共同体，因此，作为民族文化集中体现的文化元素饱含着一种积极正面的行为暗示、信仰暗示和道德暗示。众多中华元素对于当今社会有着行为指导、信仰引领以及道德规范作用。如倡导儒家“大一统”和“定于一”的观念，能为中华民族大团结提供深厚的文化资源；倡导“忠贞”“家和万事兴”等理念，能够有效地促进家庭和睦；倡导“与人为善”“君子成人之美，不成人之恶”“讲信修睦，尚辞让，去争夺”等理念，能够引导各界共同树立起团结、合作、互助、关爱等意识，使人与人之间的关系变得和谐；倡导“辨异同”“致中和”“求同存异”等理念，能够使社会更加尊重差异、包容多样；倡导“天下为公”“推己及人”等理念，能够促进对多元的利益主体和不同的利益诉求关系进行协调，在一定程度上缓解利益分配不等带来的冲突和矛盾；倡导“天人合一”等理念，能够促进人与自然的和谐相处；倡导“官德”等理念，能够加强对官员的思想教育；等等。

三、中华元素的主要类型

中华文化元素灿若星河，其影响和作用润物无声，唯有构建一个结构清晰的文化谱系，才能对它得出一个全景式的认知。以儒释道为代表的主流思想观念是文化谱系的核心内容，物质文化产品和非物质文化产品是思想观念的载体。笔者根据对社会进步现实状态的结构分析并结合网民调查的结果，尝试建构中华元素的分类框架。

（一）精神层面

精神层面是指人们在历史实践中长期积淀而形成的社会心理、价值取向、人伦观念、思维模式、审美情趣等，其代表了中华元素的底蕴，一旦形成，就长期绵延。主要体现为中华民族普遍认同的精神意蕴、价值理念的中华元素。一是如孔子、毛泽东，这类元素虽指称所代表的伟大历史人物，但更重要的是蕴含在名字之中极为丰富的内涵，直接反映伟大历史人物的丰硕思想建树、伟大历史人格、为民族和人类发展创建的历史功绩。二是汉语，语言是文化的基本载体，可以说没有语言就缺乏文化的深度和完整性，汉语是世界主要语种之一，汉语可以完整、准确地表达中华文化，也可以完全实现与世界其他语言的交流沟通。三是反映创造创新的中华元素，民族重要的创造产物是极为重要的代表性元素，如长城是中华民族的象征，真切地反映了中华民族勤劳、勇敢、智慧、善良的优秀品质，类似的元素还有四大发明等。四是灿烂的思想和文化艺术成就，如儒道思想、禅宗、中医、诗词、小说、戏曲、音乐、舞蹈、书法、民歌、传说等，是世界思想文化艺术领域不可或缺的瑰宝。五是天人合一、阴阳五行、化生万物、中和为美、厚德载物、有容乃大等主要体现宇宙观、世界观、人生观、价值观、道德观等深层次的精神理念，代表了中华文化对客观世界对立统一、多元同构的哲学思考，对万物本源、天人关系的独特理解，对相互融合、和谐圆满生活理想的憧憬和追求，以及注重修身重德、倡导谦和豁达的人生境界和人格气度①。

（二）制度层面

制度层面是指人们在社会生活中形成的制度、组织和社会组织、人际关系以及依附于它们的原理、原则、规范等。中华文明是世界四大文明之一，中华文明在奴隶制社会和封建社会时期曾经创造出辉煌灿烂的文化，为人类文明做出了杰出贡献。例如，中国的家族伦理和在家族伦理里面发展出来的儒家，以及儒家的一整套政治、社会生活制度，三教合一和谐并存的宗教制度，古代礼制、法制、兵制和科举制度，岁时历法、民间节庆等，这是中华文明对人类文明做出的历史贡献，其中合理的成分也成为当今具有积极影响的中华元素。今天，中国在继承和发扬中华文明、广泛借鉴人类思想文化成果的基础上，正在探索和开创一条人类文明史上前所未有的发展道路，这就是中国特色社会主义道路，这是中国在当代给人类最丰厚、也是最有价值的

---

① 巫志南：《论中华元素之构成》，见上海民族民俗民间文化博览会组委会编：《解读中华元素——上海文化论坛论文集》，上海：上海锦绣文章出版社·上海故事会文化传媒有限公司，2009 年版，第 19 页。

奉献。在中国特色社会主义的旗帜下，科学发展观、社会主义市场经济、社会主义新农村、共同富裕、一国两制、生态文明等，一系列制度性的探索和创新，正在成为中华文化走向世界极其重要的中华元素。在当前各国经济发展面临严峻形势的情况下，世界正在逐步加深对中国特色社会主义制度优越性的认识和认同，推动这类中华元素走向世界可谓正当其时。

（三）物质层面

一切看得见、摸得着的物质产品、劳动创造的生产和生活资料都属于这个层面。具体可以分为两大类：一是中华民族在长期的历史发展中形成的具有显著特色的物质财富和独特技艺。包括优秀历史建筑，如故宫、天坛、长城、颐和园、中国园林、黄鹤楼、滕王阁、振风塔、赵州桥、法门寺、石牌坊、三峡工程等；奇特历史人文景观，如兵马俑、莫高窟、乐山大佛、龙门石窟、摩崖造像等；重大发明创造，如四大发明、围棋、浑天仪、地动仪；民族图腾符号或吉祥物：如龙、凤、麒麟、貔貅、獬豸、门神、千手观音、中国书法、中国结、放河灯等；独特产品和生产工艺，如丝绸、瓷器、篆刻、春联、文房四宝、景泰蓝、青铜器、泥人、皮影、灯谜、年画、剪纸、风筝等；优秀民间技艺，如中国功夫、太极拳、气功、五禽戏、八段锦、中医中药、中国杂技、刺绣、挑花、面花、酥油花、舞龙、舞狮、赛龙舟、中国针灸、中国茶艺、中国烹饪、中国乐器等；历史名城古镇，如北京、上海、西安、杭州、苏州、香港、周庄、宏村、朱仙镇等。二是中华大地独特的自然资源和风景名胜。包括大江大河，如长江、黄河等；名山，如喜马拉雅山和珠穆朗玛峰、泰山、黄山、天柱山、武当山等；名湖，如洞庭湖、太湖、昆明湖等；特有动植物，如大熊猫、金丝猴、朱鹮、珙桐花、红豆杉等。

（四）创新层面

中华元素是多样性、开放性、变化性的文化价值，并非一成不变。在古代，中华元素是数千年来中华民族在长期生活中创造出来的，是中华民族智慧的结晶；在当今，中华元素面临着在弘扬中继承、在创新中发展的命题。从本质上说，中华元素的创新创造和创意设计的根本动力来自文化，价值实现的关键途径在于与大众生活相融合。在创新、创意和设计层面，中华元素主要有两大体现路径：一是在文学、美术、音乐、舞蹈、影视、动漫、游戏、曲艺、摄影、建筑、故事及其他艺术样式的创造和表达中体现出中华元素；二是在众多与大众生活息息相关的产品和服务的理念、功能、外观设计上得到体现，大到城市功能布局、重大文化活动，小到服装、装潢等，体现了中华元素融入当代生活。

四、中华元素的思想体系

中华元素，首先是一个个具象存在的物质元素，我们在分析这种元素并进行高度的抽象时，还应当充分考虑到构成中华元素成因的具体要素，以及要素之间的相互联系和相互作用。中华元素的一个个文化具象，在人类历史发展的长河中，也许是一颗颗微不足道的细粒，正是无数这样的细粒，才组成了人类文化的无限丰富性和无限多样性。正是在这个意义上，我们可以说中华元素的具体事象，如同几何学上的点一样，它绝不是孤立的一个点，点连成了线，线又组成了面，形成了组合系统。

同时，中华元素又是中华民族文化中特有的，能生成种种观念、表达为种种文化符号的基本因素。其本质是中华崇德文化。所谓崇德文化，是以农耕文化为基础，与游牧文化为基础的崇力文化相对应的文化体系。在农耕文化的基础上，产生了生命哲学，确立了人本主义立场，并由此产生了和谐理念，遵循建设思维。生命哲学是崇德文化的最核心的概念。生命哲学认为，宇宙的本原、本体就是生命力，任何生命个体都具有两种与生俱来的特质：一种是能够创造出无限可能性的生命活力，是本原、本体生命力在生命个体中的体现。另一种是每一个生命个体的局限性以及同一层次生命群体的共同局限性。生命哲学将修行、提高生命的质量、提升生命的意义作为其出发点和归宿点，并常常对概念进行动态的、功能性的界说，与把活泼泼的生命作为研究对象相适应。认为一切生命体在本质上是同一的、平等的，因此，主张和谐、共存，求同存异。中华元素的本质是崇德文化，进而演绎和概括出中华元素的思想体系。其构成内涵如下：（1）和而不同。“和而不同”一语出自《论语·子路第十三》：“君子和而不同，小人同而不和。”这两句极富哲理的话反映了两种不同的世界观、价值观，含义极为深刻。“和”是丰富多样，“同”是千篇一律；“和”是相辅相成，“同”是相互重复；“和”是辩证法，“同”是形而上学。“和”与“不和”、“同”与“不同”相互对立，因果上存在着辩证关系：“求同存异”则“和”，“强求同一”反而“不和”。（2）道德。道，指的是恒道，恒是宇宙本原本体，在生命哲学中，就是生命力。恒道，就是宇宙本原本体生命力的作用方式或行为法则。恒道，“辅万物之自然而不敢为”，因此，《老子》中又以“自然”代称之。恒道的作用方式是，“无名”（非命令式），“唯小”，“左右”（佐佑，帮助），“不为主”，“果而不强”（果而勿矜，果而无伐，果而勿骄，果而毋得已居）。德，指的是恒德，就是恒的品性，“生而不有，为而不恃，长而不宰”，“不离”（不炫耀）、“乃足”（不外求）、“不忒”（不偏不倚）。《老子》说：“上德不德，是以有德。下德不失德，是以无德。” “道德”成为中华民族价值体系的基石。(3) 仁义。仁，是从家庭的父母与子女，夫妻之间的亲情推演出来的无私的爱。义，是从兄弟姐妹等亲属关系中推演出来的有原则的亲密关系。中华民族很早就进入了农耕社会，农耕社会的特点是一个家族世世代代在同一块土地上繁衍生息。因此，重历史传承，家族祖先同时是道德的楷模，有以历史代宗教的倾向，有恋土思乡的情结，有以家族给个人作价值定位的传统。仁义的价值观，就是在这基础上产生的。(4) 礼乐。在孔子的词汇里，“乐为天”，具有“天”的功能，主生；“礼为地”，具有“地”的功能，主成。因此，乐是指创造性方面、发展方面；礼是指现实性方面、规则方面。“和其光，同其尘”，是指在发展方面要多种因素和谐共存，在现实方面要遵循共同的游戏规则。礼乐精神正是今天处理发展和现实关系时亟须强调的精神，强调礼乐精神可以减少许多无谓无益的争论，排除许多不和谐因素，免去许多庸人自扰的折腾。“敬”（严谨）、“忠”（负责）、“信”（恪守承诺）都属于“礼”的范畴。(5) 理智。理，是对本质规律的认识。现代汉语中的“规律”概念与古文中的“命”（天命）相当。“天命”的字面义是天赋予的使命，好像是人格神的意志的体现，其实，在《尚书·皋陶谟》中就有“天聪明，自我民聪明；天明畏，自我民明畏”之语，《左传·桓公六年》记载随国大夫季梁说：“夫民，神之主也。是以圣王先成民而后致力于神……今民各有心，而鬼神乏主。”因此，天意即民意，“天”，就是符合生命个体本性，有利于生命体长久成活的法则的称谓。所以，《老子》说：“归根曰静，是谓复命。复命曰常，知常曰明。”意思是说，回归跟性就是“静”，这就是回复到自身的使命与限定。回复到自身的使命与限定，就能使生命长久地存活。知道如何长久地存活，这就是明白道理。“静”“复命”“常”就是理。智，是指认识本质规律的心智能力，是体认“道”的智慧，而不是分辨“言”与现象的知识和智力。(6) 孝悌。从将家庭亲属的血缘、亲缘关系推广至当今社会来说，“孝悌”与“仁义”有相似处。但“仁”是上对下的，“义”虽然是兄弟关系，一般也是长对幼、嫡对庶的关怀、爱护，而“孝悌”是指下对上的。所以，有子曰：“其为人也孝弟（即悌），而好犯上者，鲜矣；不好犯上，而好作乱者，未之有也。”“仁义”的基础是“爱”，属“性”（天性）的范畴，是与生俱来的，需发扬；“孝悌”的核心是“敬”，属“礼”的范畴，是后天修得的，需培养。中国古人认为伦理准则分两类：一类是提倡的，要后天培养的，属弗洛伊德心理学结构的超我层面，需自我意识去接受、养成；另一类是克制的，要后天抑制的，属本我层面，需自我意识去调节①。

第三节　中华元素的当代激活及再创造的条件

中华元素作为全球化视野下中华传统文化的具体表征，已成为中华文化走向世界的象征性符号。中华元素的凸显，根植于中国不断增长的综合国力，其背后体现的是中国持续增强的经济实力、独立自主的和平外交、博大精深的中华文明和中国特色的和平发展道路，被激活的动力既包含宏观的政府动力，又包含经济利益的合理需求，更是当下中国人对传统的消费偏好和高度的文化自觉。随着中国的现代化步伐不断加快，改革开放不断深化，国际交流日益频繁和深入，现实条件下传承和弘扬中华元素，已经具备了各种激励和激活条件。

一、贴近当下中国人的诉求

文化通常表现为某些特定的思想和文本，但归根结底是一种生活态度和生活方式②。离开了实践和生活，文化和思想就是华丽的古董，没有任何意义。为此，我们要提炼出来的中华元素是一个动态地影响现代思想的资源，它不仅与中国传统的实践和日常生活联系在一起，而且切合了当下中国人的实践诉求和生活诉求。当前，我国正处于经济和社会转型期，各种社会矛盾和问题都比较集中出现。如源自城乡、区域、个人三个方面因素的不平等，

① 沈善增：《中华元素概念辨析》，见上海民族民俗民间文化博览会组委会编：《解读中华元素——上海文化论坛论文集》，上海：上海锦绣文章出版社·上海故事会文化传媒有限公司，2009 年版，第 92 页。

② 郑新立：《文化建设与国家软实力》，北京：外语教学与研究出版社，2010 年版，第 115 页。

使得社会贫富差距逐渐加大，仇官仇富的社会情绪日渐凸显，各种食品安全事件和群体性事件不断发生等等，导致社会的不稳定因素日益增长；无论城市还是农村，人与人之间的关系开始变得较以前冷漠；部分人员由于伦理道德意识淡漠败坏了社会风气；生态环境日渐恶化和各种疫情不断爆发，等等。这些社会矛盾和问题的形成，尽管归根结底是由于我国正处于经济和社会关系的大调整和大变革的时期，但也与中华文化传统美德的失落有很大的关系。虽然中华元素是在长期的历史进程中产生与形成的，但由于它来源于历代劳动人民的生活与生产实践，所以，在当代能够焕发出强大的生命力，具有现实指导作用，其所体现的精神和理念能很好解决由经济和社会关系变化带来的以上问题。

十八大报告明确指出，文化建设要贴近实际、贴近生活、贴近群众，做到社会主义精神文明与物质文化全面发展。只有创造百姓喜闻乐见的文化内容与文化形式，才是富有活力的文化内容与文化形式；只有来源于百姓需求的文化内容与文化形式，才是有生命力的文化内容与文化形式；只有让百姓亲切可感、可享用到的文化内容与文化形式，才是最有价值的文化内容与文化形式。为充分展示普通老百姓的生活愿望、审美情趣和价值追求，反映普通老百姓的心灵世界和文化性格，必须特别关注当下中国人的生活实践，生产和提高具有中华元素、民族风格的文化产品和文化服务。唯有这样的产品和服务才能比较容易得到普通百姓的理解、尊重、欣赏和认同。

二、商品化的市场驱动

现代经济发展需要文化的支撑，有时需要文化作为载体，有时则需要文化作为产品的素材，有时则需要借助于文化激发创造力的力量。随着中国经济的历史性变化和市场经济的发展，人们视追求物质财富为理所当然，因而，人们目光开始转向文化领域，转向我们的中华民族文化，寻找真正有价值的中华元素。所谓真正有价值的中华元素，一定是充满内涵，又富于鲜明的个性特征，和民族的现实社会生活密切相关的文化事象。这也是能够产生经济价值的载体。从而使得历史上沉淀下来的中华文化元素开始被激活与创新，当下人们开始有意识地对文化进行资本化的运用，使各种传承下来的、甚至新创的文化符号，强烈地聚焦于其经济作用。云南少数民族节日中的“火把节”就是典型例子。

其次，全球商业化浪潮也推动了中华元素的激活和再创造。纵观各国的文化生产和传播，在很大程度上得益于善于把握中华元素的发展商机与商业化的运作机制。所谓商机是在现实当中发生，诸如生活方式的变化、技术的变化、环境的变化、生产的变化、消费者的变化等包含着新的获利机会[①]。文化产业的主要商机与人们的需求及需求的变化密切相关。比如好莱坞大片在全球的强势传播、“韩剧”的风行以及“宝莱坞”的商业探索等都是把握了很好的商机。随着中华民族的经济崛起、国际影响力的提高和中国市场需求的不断扩大，中华元素商业化趋势的动力不断增强。一方面，“国内商业机构的‘推’力是很重要的一个动力”[②]。国内众多企业为打造高端良好形象，推动民族文化品牌走出国门、走向世界，提升了中国创意经济的软实力和中华文化的影响力，特别重视中华元素在产品生产和品牌打造中的运用。另一方面，西方商业机构的“拉”力尤显突出。此外，一些外国商业机构在营销过程中也十分重视中华元素的运用。如好莱坞大片《花木兰》《功夫熊猫》《木乃伊3》中就选取和大量采用了中华元素，其看中的就是庞大的中国消费群体带来的巨大商业利润。西方商业机构在广告和营销领域对中华元素更是高度重视，在国际时尚圈中华元素也成了新宠。比如：中国传统剪纸招贴画出现在肯德基快餐厅；猪宝宝出现在麦当劳的网站上；国际品牌爱玛仕“天堂之马”限量版丝巾，就取材于中国汉代拓片图案之中；瑞士特别款手表的设计灵感来自中国生肖；此外，必胜客的中国结、中国龙、中国红和鞭炮等，都充分利用了中华元素进行营销。

三、民族复兴的精神动力

经济发展是中华民族伟大复兴的物质基础，文明程度是中华民族伟大复兴的根本标志。古往今来，每一个伟大的民族都有自己独特的文化，每一个民族的复兴首先是文化的觉醒，比如意大利的文艺复兴、日本的明治维新和德国的宗教改革。中华民族的伟大复兴是自1840年鸦片战争以来的一个中国梦，是中华儿女普遍的坚定的思想意识和目标追求。历史和现实也充分证明，民族的复兴始于文化的复兴，只有当民族文化在世界文化中占有一定的份额

① 陈少峰，张立波：《文化产业商业模式》，北京：北京大学出版社，2011年版，第46页。
② 吉汉，刘蒙之：《三十年来的中国元素运动》，载《新闻知识》，2009年第5期。

时，才能说是真正意义上的文化强国。近年来，复兴中国传统文化的命题格外引人注目。众多学术大家、中青年学者乃至普通网民百姓，都热情地参与振兴中华文化的思想潮流之中，并进行热烈的讨论。中华元素的题外之义应当是一种对中华文化复兴的期待，而这一复兴需要我们不仅仅局限于对“元素”的认识和运用，更要赢得中华设计、中华创造的尊严。我们期待的是，我们的产品能够展现中国精神、中华民族的文化品格。要实现这样的期待，首先要求我们对自身的文化有充分的认识，不仅仅是认识、挖掘不同的形式符号元素，而是对我们自身文化的价值有较高的认同，确立文化上的自信，保持文化上的自觉。正如有学者指出的那样：“我们不可能成为在文化精神意义上的西方人，我们不可能把西方的灵魂引入到我们的内心深处。放弃中华文化精神的唯一结果，就是中国人之丧失文化生命。没有文化生命，我们就不会有德性和创造性。因此，可以相信，在当代情势下复兴中华文化，重新寻找中国人安身立命的精神家园，必将成为一个普遍的要求。”① 在民族复兴的精神推动和牵引下，中华元素必将会大大激活，中华文化不仅会得到极大的传承，还会在实践中得到进一步创新和发展。当下，只有推动社会主义先进文化更加深入人心，发展民族的科学的大众的，面向现代化、面向世界、面向未来的社会主义文化，在建设中国特色社会主义事业的伟大实践中，不断激活和创新中华元素，努力使建设社会主义文化强国成为时代的主题，才有可能实现中华民族的伟大复兴。

① 王德峰：《简论中国文化精神及其在当代复兴的可能性》，载《哲学研究》2005 年第 5 期。

第三章　中华元素转化为文化产业的可行性及路径分析

纵观中国历史进程，中华元素始终是中华民族精神生命和群体人格得以不断发育、生长的根源，也是这种精神生命和群体人格得以绵延不断、演变发展的取之不竭的资源。正因为有着根源性因素和资源性因素的双重组合，中华元素不仅处处呈现出隽永的历史价值，而且蕴含着实践品格和现代意义。当下世界，在文化已经成为重要经济活动的消费社会中，原本不引人注意的文化遗产忽然之间成了市场价值要素，中华元素对于文化产业发展和创新有着厚重的潜藏价值。而如何把中华元素这一丰厚遗产转化为现代文明和当代文化建设的资源和发展优势，壮大中国社会主义文化产业，满足并引导广大人民群众日益增长的文化需求，创造中华民族文化的新辉煌，进而提升国家软实力，塑造民族新形象，则是历史和现实的迫切需求，也是中华元素研究者面临的新任务、新课题。上海财经大学张雄教授提出对中华元素的时尚运作①，一方面，可以提升文化产品市场的民族化、个性化特征；另一方面，还有助于在实践中把握中国传统文化的丰富内涵。

动漫产业是文化产业的主要类型和中坚力量，笔者以其为例，具体分析在当下国情和语境中，中华元素与文化产业有结合的可能性、中华元素转化为文化产业的必要性和中华元素转化为文化产业的紧迫性，并提出中华元素转化为文化产业的现实路径。此外，本章还选取了一个地处中国中部的省份——安徽省，从地方层面探索如何挖掘和开发丰富的中华元素，并提出中华元素转化为区域文化产业发展的路径。

---

① 刘士林：《从事件经济看中华元素的时尚表达》，载《文汇报》，2009 年 8 月 8 日。

第一节 中华元素与文化产业结合的可能性

传统文化（Traditional Culture），指的是文明演化而汇集成的一种反映民族物质和风貌的民族文化，是民族历史上各种思想文化、观念形态的总体表征。[①] 中华民族文化经历了数千年的积累传承已经形成了一个巨大的历史文化传统，聚合着亿万中国人的精神与情感，它不仅是联结过去与未来的精神保障，而且是民族文化身份赖以保存的文化符号。优秀的传统文化，是中华民族生生不息的精神家园，是中国特色社会主义文化的重要组成部分，是中国文化软实力的源头活水。中国大力加强文化建设，提高国家文化软实力，首先要充分弘扬中华优秀传统文化，不断挖掘中华文化资源的魅力元素，通过充分展现这些产业资源和品牌名片，增强中国人的民族自信心和自豪感。然而，传统文化与文化产业因政府的意识形态、经济政策的束缚导致二者的联系不够紧密，互相封闭并缺乏有效的互动机制[②]。当前，中华民族文化精髓亟须动漫产业与之进行创造性的现代转化，真正将文化资源变现为文化资本。因此，分析中华元素与文化产业结合的可能性对于提高人们的认识具有十分重要的意义。

一、两者都是加强社会主义核心价值体系建设的重要载体

社会主义核心价值体系是党的十六届六中全会首次明确提出的一个科学命题。十七大报告强调：要积极探索用社会主义核心价值体系引领社会思潮的有效途径，党的十七届六中全会明确指出：社会主义核心价值体系是当代中国先进文化的一个重要组成部分，“是社会主义先进文化的精髓，决定着中国特色社会主义发展方向”。始终坚持“把社会主义核心价值体系融入国民教育、精神文明建设和党的建设全过程，贯穿改革开放和社会主义现代化建设

① 李宇红，赵晶媛：《文化创意的人文理论和产业研究》，北京：中国财富出版社，2010 年版，第 184 页。

② 杜献宁：《以传统文化助推文化产业发展的构想——以河北省为例》，载《学术探索》，2012 年第 3 期。

各领域，体现到精神文化产品创作生产传播各方面”①。党的十八大报告指出：“社会主义核心价值体系是兴国之魂，决定着中国特色社会主义发展方向。要深入开展社会主义核心价值体系学习教育，用社会主义核心价值体系引领社会思潮、凝聚社会共识。”② 如果说核心价值体系是一个社会意识形态的主体和灵魂，那么文化个性就是这种主体和灵魂的基石，它们有机地构成了中国人民团结奋斗的共同思想道德基础。在当代中国社会主义核心价值体系建设过程中，如何彰显既具有鲜明的时代特征、又能充分体现中国特色的文化个性，是我们必须面对的一项现实而紧迫的课题。核心价值观是一个社会的意识形态的本质体现，在整个文化建设中居于统摄和支配的地位，不同社会制度具有不同的价值观念，同一社会制度下不同群体也会有不同的价值取向。在实践中对中华元素的选择和演绎，会因不同的价值观念或价值取向而产生不同的结果。但是，面向国际社会弘扬代表中华文明进步的中华元素，在创新设计的同时要避免产生本质意蕴差异，否则有可能伤害中华民族的感情，也有可能造成国际社会对中华元素的误读误用。因此，必须把体现当代中华民族社会意识形态主体和灵魂的社会主义核心价值体系，作为衡量和选取中华元素的唯一标准，要把社会主义核心价值理念融会在全部中华元素的当代阐释和当代传播的各个方面，把马克思主义的指导思想、中国特色社会主义理想、以爱国主义为核心的民族精神和以改革创新为核心的时代精神、社会主义荣辱观鲜明地体现在中华元素的传承和弘扬过程的始终，使中华元素更好地发挥弘扬民族精神、塑造国家形象的作用。

文化产业的发展要受主流意识形态的影响，发展文化产业与维护主流意识形态的价值取向是紧密联系在一起的。文化产业是当今新的文化业态生成和传播的主导方式，其核心是文化价值的传承和高扬。但当前制约文化产业大发展的最根本因素是公众价值观的摇摆、游移和价值诉求的模糊。文化价值的融入和提升并非单兵突进和局部突破所能解决，它往往在现实中因很难找到有效的抓手而被人们所忽略。中国发展文化产业和进行文化产品的创作生产中，要在谋求经济效益的同时，充分融入文化产品的价值内容的意识形态，以此来推动以社会主义价值体系为底色、为引领的中华文化建设，使其

① 《中共中央关于深化文化体制改革推动社会主义文化大发展大繁荣若干重大问题的决定》，载《人民日报》，2011 年 10 月 26 日。

② 《中国共产党第十八次全国代表大会文件汇编》，北京：人民出版社，2012 年版，第 29 页。

既具有抚慰心灵、舒缓情绪、矫正观念、启悟民智的功效，又使我们的文化产品承载着中国文化的特有价值观念。作为占据全球道义制高点的社会主义核心价值观，要求我们一方面根据时代的需要发掘其中的优秀成分和充分彰显中国丰富的民族文化个性的传统伦理文化资源；一方面要将社会主义核心价值观有效地融入文化产品和文化服务中，以文化价值的普适性诉求和国际表达形式，在全球拓展中华文化的影响力。唯有如此，中国特色社会主义的话语权才能在全球彰显。

二、两者都是提高我国文化软实力的重要途径

美国哈佛大学教授约瑟夫·奈最早提出“软实力”的概念，他从国家的角度分析软实力，认为一个国家的综合国力由经济、科技、军事实力等表现出来的“硬实力”和以文化、价值观、意识形态吸引力所体现出来的“软实力”构成。在软实力中，一国的文化竞争力具有举足轻重的地位，它既是软实力的重要组成部分，也是综合国力不断增强和提升的重要保证。在当今世界，倘若一个国家的文化处于中心地位，别国就会自动地向它靠拢；倘若一个国家的价值观支配了国际政治秩序，它就必然在国际社会中居于领导地位①。从这个意义上说，“谁占据了文化发展制高点，谁拥有了强大文化软实力，谁就能够在激烈的国际竞争中赢得主动”②。2007 年，胡锦涛在十七大报告中首次明确地把文化作为“国家软实力”，他说：“提高国家文化软实力，使人民基本文化权益得到更好保障，使社会文化生活更加丰富多彩，使人民精神风貌更加昂扬向上。”③ 此后，中央政府高度重视文化对内的凝聚力和向心力、对外的亲和力和影响力以及对世界和人类的贡献力和号召力，2012 年，党的十八大报告继续明确要求“提高国家文化软实力”。

就当今中国而言，要高度重视“文化软实力”建设，以维护国家“文化安全”，确保自己所属国家和民族的基本价值观和文化特性不会在全球化浪潮中逐渐消隐或退化。在走向世界的过程中，以儒、释、道等为主的中华传统

---

① 李智：《文化外交：一种传播学的解读》，北京：北京大学出版社，2005 年版，第 3 页。

② 胡锦涛：《坚定不移走中国特色社会主义文化发展道路　努力建设社会主义文化强国》，载《求是》，2012 年第 1 期。

③ 胡锦涛：《高举中国特色社会主义伟大旗帜　为夺取全面建设小康社会新胜利而奋斗》，北京：人民出版社，2007 年版，第 33 页。

文化明显表现出“入不敷出”，“超支”现象严重，已对国家文化安全造成严重威胁。我国史学泰斗钱穆先生深刻地指出：“若全部传统文化被推翻，一般人对其国家以往传统之一种共尊共信之心也没有了。”[①] 中共中央宣传部理论局编辑的《理论热点面对面：2009》中指出“作为世界第三大经济体，第三大贸易国，中国硬实力的提升世界公认，然而盘点文化软实力，与我国在世界上的经济、政治地位还不相称：文化产品贸易存在着很大逆差，在国际舆论格局中的话语权还不强，西方文化和价值观念的影响特别是对年轻一代的影响还不小……这些都凸显提高国家文化软实力的重要性与紧迫性。”[②] 王沪宁在《作为国家实力的文化：软权力》一文中说：“‘软权力’的力量来自其扩散性。……‘软权力’基于文化，在现代社会中，文化是一种广义的信息，德鲁克言，信息早已跨越了国界。”[③] 在文化开放的国际社会中，文化产业的发达程度和文化的封闭程度，往往决定着一个国家的文化吸引力。有不少学者也认为国家“文化软实力”在国际竞争中表现出来的强弱与文化传播的媒介有着十分重要的关系。邵培仁等著的《文化产业经营通论》指出，大力发展文化产业不仅是世界大国的共识，而且是我国经济社会发展的必然选择。众多专家、学者业已意识到我国的文化产业尚拥有广阔的发展空间，指出我国电影、传媒、动漫、演艺、出版、网络、广告、文化遗产等文化产业和文化创意项目中的薄弱环节很多，应该以主流文化引导文化产业发展并对文化资源进行整合、创新，以扩大中华文化的影响力，保障国家的文化安全。

中华元素具有非凡的吸引力、感召力、亲和力和影响力，是我国国家文化软实力的直接体现；而文化产业和事业同样是“软实力”的有力载体。当今世界，拥有强大“软实力”的国家，都有着发达的文化产业和事业，能够顺畅地向世界大多数国家表达自己的意志，发出自己的声音[④]。因此，我们要从提升国家文化软实力的战略高度充分认识传承和弘扬中华元素和发展文化产业的重要性和紧迫性，加强对中华元素资源的挖掘、整理、整合和利用，并充分运用于社会主义文化产业实践中，使之成为增强国家文化软实力的现实抓手和有效途径，促进我国经济社会长期稳定发展，积极向国际社会传播

---

① 钱穆：《中国历代政治得失》，北京：三联书店，2001 年版，第 152 页。

② 中共中央宣传部理论局：《理论热点面对面：2009》，北京：人民出版社，2009 年版，第 129 页。

③ 王沪宁：《作为国家实力的文化：软权力》，载《复旦大学学报》（社会科学版），1993 年第 3 期。

④ 孙相东，岳占菊：《国际竞争中的“软实力”》，载《前线》，2006 第 3 期。

和表达“科学发展、和谐发展、和平发展”的理念，营造有利于中华民族复兴、实现“中国梦”的良好国际环境，维护中华文化作为世界主流文化之一的地位。对于中华元素与“软实力”的关系，不少学者给予了关注与重视。如孟宪实在《传统文化：中国文化软实力之源》一文中，指出我国古代虽然没有“文化软实力”这一概念，但强调独特魅力的中华文化应该得到发展和传承。钱明德把道家文化的辩证哲学和中庸理论视为“文化软实力”的主要资源。康晓光对中国软实力匮乏的原因进行了分析，认为是中国缺少核心价值观、先进的意识形态、有感召力的生活方式和行之有效的基本制度，而以上软实力的提升依赖普世体系的构建，中华传统文化特别是儒家文化具有普世价值，是中国普世体系建设的核心。

三、两者都是践行国家文化战略的有效路径

文化战略是指一个国家传播发展自身文化的基本指导思想、目标、方法和策略，是一个国家在国际社会谋求存续和发展本民族国家文化、捍卫国家文化主权与扩展国家文化利益的战略①。一个国家的文化战略其实是国家政治经济战略的重要补充与辅助，对内可以增强社会归属感，重拾民族自信心；对外则可以将自己的品牌向世界推广。当文化越来越成为国家综合国力的衡量指标和重要组成部分时，文化承担的国家战略的作用和地位将日益突出。美国富布赖特基金创始人富布赖特在《外交政策的第四方面》中对文化战略的作用进行了比较准确的概述。他认为，当今世界外交政策不是主要依靠军事力量和外交活动，而是向其他国家传播我们社会的价值观并影响其下一代，这种影响才是深远的，其对世界格局产生的作用要远远胜过军事和外交上的作用。哈佛大学教授杜维明也曾说：“在 21 世纪，对国际安全最严重的威胁不是经济的或政治的，而是文化的。”②

20 世纪 90 年代以来，一些发达国家在推动经济全球化和实现本国经济社会发展战略转型的过程中，对文化与政治、经济、社会的关系的认识有了突破性的飞跃，主要发达国家纷纷把文化发展纳入本国总体发展战略，采取重点扶持政策大力建设。美国通过文化倾销，在全世界构建了一个“美国神

① 刘从德：《地缘政治学导论》，北京：中国人民大学出版社，2010 年版，第 226–227 页。

② 杜维明：《文明对话的语境：全球化与多样性》，刘德斌译，载《史学集刊》，2002 年第 1 期。

话"，凭借其强大的新闻帝国、备受欢迎的好莱坞电影大片等传媒和文化产品，在世界各国大力推销它的一套价值观念和生活方式，企图形成独步天下、俯视全球的文化发展态势；苏联在解体之后，俄罗斯民族文化的发展遭受了巨大冲击，面对民族文化的危险处境，普京等领导人为了反击西方文化侵略和重振大国雄风，制定并实施了"文化扩张"战略，确立了积极的对外文化政策；法国作为一个文化大国，为了保卫法兰西文化和捍卫法语的纯洁性和独立性，采取了诸多措施并对美国文化进行有力的反击和抵制；英国，可以说是在创意产业发展方面获取了巨大成功的国家，伦敦享有"世界创意工厂"的美誉；韩国高明和睿智的文化战略，更是值得我们学习借鉴。1997 年爆发的亚洲金融危机，几乎让韩国经济陷入崩溃的边缘。为了刺激经济增长、重拾国民的自信心，韩国政府制定了由振兴娱乐文化产业带动其他产业、进而振奋国民精神的有效策略。韩国政府又于 1998 年正式提出了"文化立国"战略，将文化产业作为 21 世纪发展国家经济的战略性支柱产业予以大力推进。为保障这一国家战略的顺利实施，韩国政府相继颁布了一系列法律法规，还于 2001 年成立了韩国文化产业振兴院，负责统筹、实施"文化立国"战略。不知不觉间，充满民族特色的"韩流"席卷整个亚洲乃至世界。韩国的电影、电视剧将韩国汽车带入别国家庭，《大长今》让无数人向往韩国传统宫廷习俗，大大刺激了韩国旅游业的发展；日本是一个很早就重视文化发展战略的国家，首相中曾根早在 20 世纪 80 年代就提出"建立文化发达国家"的战略构想，企图使日本成为亚洲乃至世界的文化基地。一些日本学者和艺术界权威在 90 年代发起并成立了"文化政策促进会"，提出"文化立国"的主张，并把 21 世纪视为日本依靠自身的文化资源和文化优势开始新一轮发展的世纪。

在"西强我弱"的文化局势下，我国要有效抵制西方文化价值观念的渗透，必须制定和实施我国的文化战略，积极利用中华元素发展具有民族文化特色的文化产业，必须将中华元素的激活和传播纳入国家文化战略当中去，使其成为一种自觉的展示。要用战略的思维去自觉思考，从自发到自觉，从局部到整体，从战术到战略，这既是一个国家文化自信心的表达，也是一个经济大国必然要跟上的走向。从这个层面上来看，中华元素发展成为中国文化的精神，是从自发到自觉，从地方到中央，从仁人志士的追求到整个国家产业的历程。文化产业作为实施文化发展战略的载体，更是受到各国政府的高度重视，其对社会发展以及在综合国力竞争中的地位与作用也正日渐突出。一些国家由于信息技术发达和综合国力的强大，因而在全球范围内占据着文化输出的主导权。他们通过文化产品的倾销，创造出一种所谓的全球文化经验，以文化相似性来破坏全球文化的多样性，削弱其他国家的文化凝聚力。目前，中国市场经济体制还不完善，文化产业市场的发展滞后。与发达国家相比，中国文化资源的产业开发和中华元素的激活与转化在资金实力、科技水平、市场运作能力等方面都存在着相当大的差距。同时，在开放的条件下，中华五千年文明凝聚的文化资源和文化元素不再为中国文化产业所独有，国际化的产业开发方式促使国际资本从传统的物质资源争夺转向文化资源的争夺。例如，只有几百年历史、文化资源非常稀缺而文化产业强大的美国，其触角已经伸向文化资源丰富的发展中国家，利用他国的文化资源和文化元素开发本国的文化产品，再卖到文化资源的输出国和其他国家，赚取大量利润。美国文化产业集团以中国流传上千年的文学艺术作品《花木兰》这一文化历史资源为素材，“做了文化内容生产的媒介传播，将中国长城、烽火、农耕、纺织、战马、皇室等文化符号做成产业要素，诉诸音乐、影视的在线传播与出版产业的知识产权交易，才在内容生产的文化资本扩张中成为文化产业”[①]，进而重新投放到中国市场，获得巨额收入。因此，采取积极有效的文化产业发展战略，扶持本土的文化创造能力，增强具有丰富中华元素色彩的本国文化产品在国际文化市场上的竞争能力，使“文化立国”成为我国的一项重要国策，列入我国经济和社会发展的总体规划，无疑是抵御他国文化侵略的有效路径。

第二节 中华元素转化为文化产业的必要性

在21世纪的今天，随着我国经济文化的快速发展，中国在世界上的地位日益提高，影响力日益增强，人们对中华元素的呼唤也显得日益强烈。现在摆在我们面前的一个问题是，如何把握这一千载难逢的历史机遇，对丰富的中华元素资源进行更为自觉、广泛的运用和市场开发，更好地发挥中华文化

① 皇甫晓涛：《文化产业要重视内容生产》，载《光明日报》，2006年3月18日。

中各种独具特色的特质元素的价值和作用，为中国的产品能够更好地显示中国文化精神风貌和形象特点，为中华民族精神的弘扬和经济文化的发展创造一个良好的环境和更加美好的前景。这是一个正在和平崛起的中国走向世界时必须回答的问题。笔者以动漫产业为例，将中华元素的整合创新，融入和运用到动漫产业的开发设计之中，确立鲜明独特的本土文化身份和特点。这既是中华优秀传统文化应对全球化语境的一种生存策略，也是体现自身发展的内在需要和走向民族化与现代化的必然要求。

一、民族文化必须在全球化语境下保持个性独立

全球化已经成为当今世界最为显著的发展趋势，它发轫于经济贸易领域，并逐步渗透到政治、文化、社会生活等诸多领域，使得世界正一步步成为一个多维互动且紧密联系的系统。虽然全球化的重要表征在于世界贸易往来的日益密切，经济相互依赖日益加深。但随着全球化日益深入、成熟发展，其实质与核心还在于文化的全球化。不同民族、国家之间的文化交流与沟通逐渐融入全球化的大潮中来，文化的跨民族、跨国界交流日渐频繁、广泛与深入。正如有些观察者所说的那样："无论站在什么立场上，人们都无法否认的是，全球化已经越来越在文化领域显示出它的特殊效应。文化的冲突和融合构成了全球化时代特有的文化景观。"①

同时，伴随着经济全球化的深化，文化和经济的结合变得紧密，文化和经济之间存在一个密切互动的关系，文化成为经济竞争和国家综合国力竞争的最高形式。在经济全球化的推动下，形成了所谓的世界文化格局，即是指在一定的历史时期内，世界上若干主要的、影响较大的文化体系或文化区域之间，互相联系和作用，发生各种互动关系，从而形成和表现出的力量分布与对比的结构状态②。在这种世界文化格局之中，资本、产品和信息在全球范围内可以最大限度地自由流动，文化传承也被纳入了世界性的文化版图而不再局限于一个国家和一个民族范围内。这意味着世界各国、各民族之间的文化冲突和碰撞是不可避免的。中国虽是文化资源大国，却是文化产业弱国。

---

① 金民卿：《文化全球化与中国大众文化》，北京：人民出版社，2004 年版，第 22 页。

② 邹广文，任丽梅：《科学发展观与中国文化产业实践》，北京：中央编译出版社，2009 年版，第 162 页。

中国的经济发展势头虽然强劲，但仍然是一个发展中国家；中国的文化底蕴深厚，但世界影响力还不够强，中国文化产业与发达国家相比发展还很不充分，文化资源没有得到充分有效的利用和开发，造成大量文化资源的闲置和浪费。在经济全球化的开放条件下，这些文化资源不再是中华民族所独有，成为世界人民共同的精神财富，满足着世界人民的文化消费。如中国独有的传统故事《花木兰》被美国迪士尼公司重新演绎和改编，美国梦工厂动画《功夫熊猫》里出现了“中国功夫”和“熊猫”；2003 年蒲松龄作品《聊斋志异》里的故事被美国大学学会出版公司侵权，中国古代文学经典《西游记》被日本改编为动漫作品《七龙珠》；2004 年韩国申请“端午节”为该国文化遗产；等等。然而文化全球化应该是一种跨国界、跨文化的对话和交流，不应该是各种民族文化的消融泯灭而形成某种普适性的同一文化。联合国一位领导人指出：“全球化趋势可能成为世界各民族密切关系的一个有力因素。但是不应因此而导致世界文化的一体化发展，不应该使一种或几种文化支配其他文化，也不应该导致文化肢解或同一性的重合。我主张把人类文化多样性的保护和开发摆在一切工作的首位。”① 他的话发人深省。在全球化时代，面对激烈的国际竞争，确立并彰显自身的民族文化身份具有紧迫性与重要性。当今世界约有 60 亿人口，分为 2500 个不同的民族，分布在 200 多个国家之中。各个民族都有自己特有的历史文化传统，各具特色，在长期的历史发展进程中，各民族形成了自己独特的生活方式、认知模式、思维方式。这种独特的民族性，在全球化的浪潮面前，有着十分强烈的维护本民族文化传统，拒绝外来同化的韧性。同时，各个被卷入全球化浪潮中的民族，在世界文化的大舞台上，纷纷展示本民族的特色与风采，树立民族形象，扩大自身的文化影响力。无论哪个民族，只有放弃保守、排斥的态度，以自信、独立、开放的姿态主动参与到文化全球化的浪潮之中，才能更好地维护本民族的文化传统，自立于世界民族之林。中华民族也概莫能外，中华文化要想更加持久、顺畅地走向世界，关键必须立足于本民族，坚持民族个性，尊重民族传统文化。作为文化产业中坚力量的动漫产业，实现国际化、现代化，必须坚持民族特性，发掘传统文化中所蕴含的时代元素。为此，将中华元素与现代动漫进行整合，并加以创新，着力打造民族文化品牌，是国产动漫实现自立、自

① 刘魁立：《从人的本质看非物质文化遗产》，载《江西社会科学》，2005 年第 1 期。

强，应对国外动漫产业冲击与挑战的必由之路。

二、文化产业必须在民族文化基础上坚持内涵发展

文化产业是“内容产业”（Contents Business）。文化产品的竞争力关键是内容，而提高产品内容竞争力的重心在于民族文化基础上的创新。由于我国文化产业起步较晚，参与国际竞争的起点较低、经验不足，不可避免地要进入一个模仿、复制和加工的阶段。发展初期采取“拿来主义”，在模仿中学习和提高，固然无可厚非，但动漫产业要想谋求和实现独立发展，根本的出路在于民族化，坚持走民族化的内涵发展道路。

所谓“动漫”是指动画（Animation）和漫画（Comic）这两个相关的文化产业门类①。回顾我国动漫的发展历程，一共经历了两次民族性身份的构建。第一次是在抗日战争时期，在传达民族觉醒的意识、表现民族解放的呼声这一时代语境中，动漫产业找到了最佳契合点。“中国动画从一开始就在内容上跟当时的斗争现实紧密配合，强调为政治服务，而不仅仅是供人观赏和娱乐的消遣品。”开创者之一万籁鸣如此说。早期动漫使童话、神话、寓言等中华传统题材中赋予鲜明的时代精神和特色，具有迥然有异的审美特征，呈现出独特的中国风格和民族特色。第二次构建是在新中国成立初期，动漫产业在向“苏联老大哥”学习的社会风气带动下，盲目苏联化，再次促使国人发出民族化口号。我国的动画工作者高扬民族气派、民族风格的大旗，不仅创作出了《牧笛》《三个和尚》《小蝌蚪找妈妈》等一批享誉国内外的经典作品，注重选用本民族的神话、民间传说、民间故事、经典名著等题材，而且借鉴中国传统文化中的水墨书画、京剧脸谱、皮影、剪纸、贴纸、木偶、年画等表现手法，在世界动画界构筑起了“中国学派”的殿堂，赢得了国际的普遍认可。这种民族化的创作模式作为动漫产业创作的主流，一直盛行到了20世纪80年代末。

20世纪80年代末90年代初以后，我国动漫一方面失去了曾经有过的体制保障，毫无准备地被扔进市场自生自灭；另一方面，美国、日本动漫如潮水般涌入。巨大的市场和薄弱的产业竞争力导致国内相关市场80%的盈利流向了美国和日本。有数字显示，仅米老鼠、kitty猫、史努比、皮卡丘和机器

① 柏定国：《文化品牌学》，长沙：湖南师范大学出版社，2010年版，第352页。

猫这5个动漫品牌每年从我国动漫市场“掠走”人民币就达6亿元①。同时，中国动漫企业以加工制作为主，在全球产业分工中处于产业链下游。这些制作公司、玩具加工厂等从事的是接单式的劳动密集型工作，由于不产生版权价值，因而也就难以获得高额经济回报。即使尚有一部分动漫产业，但很多走的也是以美、日动漫强国为范本的千篇一律的道路，导致动漫产业创作上陷入低谷，发展方向也显得徘徊不定。我国动漫产业原有的鲜明的民族特征，已经失去了本来的光芒，无力再承担引领动漫产业前行的时代重任。造成当前动漫产业陷入困境的原因，“从本质上来看，是因为其缺失了一直以来传承中华民族文化、展现独特审美理想和审美意蕴的民族特性”②。文化部文化市场司网络文化处处长柳士发曾发出这样的感慨：“中国的动漫产业虽然起步很早，却始终没有进入动漫发达国家的行列。丢弃了丰富的文化资源，盲目地抄袭国外很多成名的动漫形象和动漫情节，缺乏原创性，是其中一个重要原因。”《天书奇谭》的导演钱运达也发出类似感叹和呼吁，一个民族最可怕的是在文化上依附别人，没有自己的东西。很多人以为民族性就是翻老古董，其实民族性是一种从内到外散发出的气质，是一种内在的文化底蕴，我们每一位搞创作的人要有把这种气韵延续下去的责任和担当。

民族文化是一个民族在长期的历史发展进程中创造与发展形成的，包括物质文化和精神文化两个部分，它天然地带有民族的特性。中华民族传统文化以儒家文化为核心，佛教、道教两家文化也是其中的重要组成部分，具体而言，包括古文、诗、词、曲、民族音乐、戏剧、书法、国画等诸多形式。如此丰富多样的民族文化，正是我们打造民族品牌的资源。以动漫产业为例，西游记、葫芦娃、哪吒等形象已经深入国人心中，但是要想进一步打入国际市场，还有很长一段路要走。在当今动漫语言日渐国际化、通行化的趋势下，国产动漫面临着更加激烈的竞争与挑战。表面上紧跟世界潮流、而实质上则是模仿外来产品的老办法行不通了。关键还在于立足于传统文化，挖掘其中的时代价值与内涵，将中华元素加以包装，推向世界，让世界接受并欣赏中国气派。

---

① 何雪苗：《中国动漫发展壮大的瓶颈及突破对策的探析》，载《电影评介》，2006年第13期。

② 徐金龙：《从资源到资本——民间文学与国产动漫的整合创新研究》，华中师范大学博士研究生学位论文，2011年。

三、文化产业对传统文化资源有着内在的诉求

文化构成文化产品和服务的“内容”，是文化产业中最重要的资源。在21世纪的今天，随着中国经济文化的快速发展，中国在世界上的地位与影响日益显现，人们对于传统文化资源和传统文化基本元素的呼唤也日益强烈。所谓民族文化基本元素，即“一个民族特有文化的基本构成要素，它已融入了该民族的思维方式与行为方式，并通过该民族的思想意识、道德境界、价值取向、伦理规范、审美追求和风俗习惯等方面得到充分体现”①。中国是一个有着五千年历史的文明古国，悠久的历史赋予了中华民族博大精深、光辉灿烂的文化遗产。同时我国也是世界文化资源大国，文化资源禀赋独特丰厚，文化资本极其雄厚。此外，我国56个民族，每个民族都有其优秀的民族传统和民族特色，这也是我们发展动漫产业的重要文化资源。充分发掘地方特色、民族特色的文化资源，启动和创新这些文化资本，凭借其独特性和唯一性，充分发挥中华文化元素在全球市场竞争中的比较优势，就有可能形成具有中国特色的动漫产业。党的十七届六中全会明确提出：“要全面认识祖国传统文化，取其精华、去其糟粕，古为今用、推陈出新，坚持保护利用、普及弘扬并重，加强对优秀传统文化思想价值的挖掘和阐发，维护民族文化基本元素，使优秀传统文化成为新时代鼓舞人民前进的精神力量。”② 2013年，习近平号召说，“要系统梳理传统文化资源，让收藏在禁宫里的文物、陈列在广阔大地上的遗产、书写在古籍里的文字都活起来”。因此，当下任务首先是要识别文化资源，然后对其中最有价值的传统文化的元素进行有效的激活和产业化开发。

文化资源是在市场经济进程中被提出、被关注的。所谓“资源”，指的是生产出人们想要消费的产品和服务所需要的稀缺性客观事物③。关于文化资源的含义，理论界有不同的看法，这主要是由文化资源的形态决定的。其一，认为文化资源是无形的。例如：文化资源是指人类在漫长历史发展过程中所

---

① 孙华玉：《全球语境下维护我国文化安全的策略》，载《学术交流》，2011第12期。

② 《中共中央关于深化文化体制改革推动社会主义文化大发展大繁荣若干重大问题的决定》（2011年10月18日中国共产党第十七届中央委员会第六次全体会议通过），载《文艺报》，2011年10月28日。

③ 鲁品越：《资本逻辑与当代现实》，上海：上海财经大学出版社，2006年版，第29页。

积淀的，通过文化创造、积累和延续所构建的，能够为社会经济发展提供对象、环境、条件、智能与创意的文化要素的综合[①]，“是人类生存发展需要的，以一切文化产品和精神现象为指向的精神要素”[②]。其二，认为文化资源是有形的，李建国（2000）[③]认为，文化资源是人们从事文化生产或文化活动所利用或可资利用的各种资源；欧阳友权认为：文化资源是前人所创造和积累下来的文化遗产，包括历史人物、文物古迹、民俗、建筑、工艺、宗教信仰、语言文字等[④]。文化部艺术司司长于平的观点也极为类似，他认为：文化资源包括物的资源和人的资源。其中人的资源主要是文化人才资源，它包括从事文化产品生产和组织这一生产的人才，从产销一体化和供需一致性的要求来说也应包括文化产品营销和文化市场拓展的人才。物的资源主要包括产品生产的材料资源和生产产品的工具资源[⑤]。其三，认为文化资源有形和无形两者兼而有之的，代表性的观点有：陈创生提出，“文化资源包括货币资源、技术资源、专利资源和智能资源四类，分为符号化的文化知识、经验性的文化技能和创新型的文化能力三种形态”[⑥]；刘婷提出：“文化资源具有精神和物质的双重属性，是指凝聚了人类无差别劳动成果的精华和丰富思维活动的物质和精神产品或者活动。”[⑦] 总之，从广义上讲，文化资源与自然资源相对应，是人类在社会历史发展过程中所创造的物质资源和精神资源。经济学意义的文化资源，有着更为广泛的外延，包括文化人力资源、文化基础教育和设施资源、文化活动、文化内容传承和文化遗存物等各种资源。文化资源虽然普遍具有经济和市场价值，但是，只有与具体的生产实践相结合才能体现自身的价值，文化产业就是这种实践的最好形式。

---

① 姚伟均，任晓飞：《中国文化资源禀赋的多维构成与开发思路》，载《江西社会科学》，2009年第6期。

② 吴圣刚：《文化资源及其特征》，载《河南师范大学学报（哲学社会科学版）》，2002年第4期。

③ 李建国：《城市文化产业发展研究》，载《中共杭州市委党校学报》，2000年第4期。

④ 赵学琳，陆静：《文化产业增强国家文化软实力的机能分析》，载《中国特色社会主义研究》，2011年第6期。

⑤ 于平：《文化产品及其相关范畴再论》，载《艺术百家》，2010年第6期。

⑥ 陈创生：《论加入WTO后我国文化资源的优化配置问题》，载《湖北社会科学》，2003年第2期。

⑦ 刘婷：《广西民族文化资源评估与文化产业开发研究》，载《广西社会科学》，2011年第2期。

文化传统是在长期的历史进程中形成的，历史越悠久，文化传统越深厚，文化资源也就越丰富。文化产业发展的过程实质是文化资源不断转化为文化产品、文化服务的价值实现过程，这决定了文化资源的开发利用在文化产业发展过程中具有不可替代的重要地位和作用，文化资源开发利用得越好，文化产业就越发达。正如美国学者迈克尔·波特所说的：基于文化的优势，是最根本的、最难替代和模仿的、最持久和最核心的竞争优势[①]。中国传统文化既是一个自成体系的完整意识形态结构，又是一个内省的、开放的、兼容的、互动的文化形成模式[②]。文化资源已经成为文化产业发展的重要条件和基础，丰富多彩的文化资源不仅能够为文化产业的发展提供最有力的支撑，而且还能使文化产业的发展获得最坚实而深厚的文化根基，为文化产业的可持续发展提供更大的可能性[③]。但文化资源不能天然地转化为文化产品，必须充分挖掘地方特色、民族特色的各种文化资源，并运用产业化、创意的方式使资源优势转化为产业优势，这是决定文化资源占有多寡的关键，也是文化资源开发利用成效大小的关键，从而最终决定着文化产业的发展壮大的速度与程度。

众所周知，文化是发展的摇篮，是一个民族的灵魂，文化的进步是社会文明、社会进步的内在本质，恩格斯早就指出："文化上的每一个进步，都是迈向自由的一步。"[④] 文化是从根本上提高人的素质、促进社会经济发展的源泉和基础，是综合国力的重要标志。在任何时候，我们都要重视和发展文化。文化资源本身具有许多特征，蕴含着积极丰富的价值。发展文化产业特别是动漫产业要充分抓住文化资源的创意性、符号性和审美性等特征。独特的文化资源是一个国家或民族与其他国家或民族相区分的标志。在文化全球化的过程中，动漫产业要走出模仿的老路，回归到保护和利用本国与本民族的文化资源，建构起符合国家身份、民族身份的动漫产业的创新之路。

---

① 陈少峰，朱嘉：《中国文化产业十年（1999—2009）》，北京：金城出版社，2009年版，第261页。

② 孔令刚：《中华文明与中国发展模式——文化"软实力"的国际比较研究》，载《安徽电气工程职业技术学院学报》，2008年第4期。

③ 张胜冰：《文化资源与文化产业》，长沙：湖南文艺出版社，2008年版。

④ 马克思，恩格斯：《马克思恩格斯选集》第3卷，北京：人民出版社，1972年版，第120页。

第三节　中华元素转化为文化产业发展的紧迫性

当下，中国动漫产业处在内外交困的尴尬境地，动漫产业如何在夹缝中求生存谋发展，是一个值得我们深思的紧迫问题。笔者认为，中国动漫产业应当具有自己的文化内涵、鲜明的艺术特色和价值取向。中国美术家协会动漫艺术研究中心主任庞邦本曾经说过类似的观点，“在世界面前，中国动漫文化应该是一个具有鲜明中国特色的整体”。文化是动漫作品创作的根基，动漫产业的发展强大，不可避免地要融入各种各样的民族文化元素。随着近些年来动漫产业的迅速发展，民族文化对于动漫产业的重要性也逐渐体现出来，动漫产业的发展亟须对中华元素进行创造性的借鉴和吸收。

一、当下中华元素的激活与创新亟须文化产业的承载和推动

（一）中华元素亟须融入当下中国人的生活、生产和变革的实践

中华元素并不能只作为一个纯抽象的存在，应该主动融入当下中国人的火热的生活实践中、生产实践中与变革实践中。束之高阁的中华元素会逐渐脱离民众的现实生活，从而逐步走向死亡，成为一个没有鲜活生命力的历史遗存物。中华元素是中华文化中最具代表性的一部分，它不是一个纯抽象的存在，可以将具有经济价值的部分进行市场运作。作为产业形态的中华元素，首先是可以被市场化的、能作为产业化形态的中华元素，是那些有偿供给型的文化产品，即文化产业部门向社会和消费者提供的、人们必须经过购买才能得到的文化商品或文化服务①。其次是可以为大众消费的。此前，现代文化产业尚未兴起，文化产品主要是“精英”群体消费，为少数精英阶层所垄断，这严重阻碍了中华元素的大众化发展，隔断中华元素与现实的生活、生产与变革实践之间的联系。伴随着人们物质生活在现代工业的生产能力和条件下的丰富，人们在精神生活的需求方面产生了一个强烈的市场信号，一种以迎合大众口味的文化产品和服务悄然进入市场。作为商品生产、流通、营销的

① 邹广文，任丽梅：《科学发展观与中国文化产业实践》，北京：中央编译出版社，2009 年版，第 45 页。

中华元素，在产业化运作的过程中，产业形态的文化内容及其承载着的人文价值和精神被演绎、传播，真正成为一个可被大众消费的文化产品。如富含中华元素的音乐受到广泛欢迎，周杰伦和方文山合作的《青花瓷》《发如雪》《菊花台》等作品词曲俱佳，与时代主题具有内在的一致性，并面向当下的实践，面向平民百姓，通过“讲述老百姓自己的故事”，寻找自身的文化价值，从而取得了巨大的成功。

为推动中华元素更好地融入广大人民群众生产、生活及变革的社会实践中，要从以下几个方面努力：一是推动中华元素的“形象化”。随着信息技术的进步和各类新媒体的出现，社会信息接收方式和信息表达方式日益多样化，人们正处在“海量信息”和“知识爆炸”的时代。视觉形象的地位逐渐上升，这一变化在影视产品中表现得尤为突出。在这样的时代环境中运用中华元素，既要注重思想提炼，又要注重形象选择和设计。例如，美国所拍的《花木兰》和《功夫熊猫》这两部电影，仅仅选择了两个中华元素，其价值观和故事情节大多是美国的，仍然取得了非常可观的票房收入。以此为鉴，如果我们既能充分表现中华文化元素的优秀思想，又能设计好以适应当今的传播模式的文化形象，必定能取得更大的实效。二是推动中华元素的“细节化”。当今时代，由于基本的社会政治经济准则已初步建立，社会文化潮流正在由关注宏大叙事转向关注日常叙事。所谓文明即细节，细节即生活。因此，弘扬和激活中华元素，既要关注人类生存处境和前途命运的大问题，也要重视日常生活和公民的思想行为习惯。2008 年北京奥运会和残奥会期间，我们既在开幕式舞台上精巧构思、写意着墨、恢宏演绎，又通过无数志愿者的真诚、微笑、周到的服务和民众的文明举止，展现中国作为礼仪之邦的风范，真正做到了全面而生动地诠释中华文化元素的精神魅力，这值得我们借鉴。三是推动中华元素的“实用化”。建立在工业文明和市场经济基础上的现代社会，是一个实用主义思维倾向非常突出的社会。我们弘扬中华文化元素，既是为了从根本上弥补实用主义的种种弊端，也是在某种程度上积极适应这种实用主义的思维倾向，尽可能地将中华文化落实为“物质养生、道德健心”的种种实际功效，从而实现“观乎人文、化成天下”的文化终极目标。

（二）社会主义文化产业推动着中华元素的激活与创新

社会主义文化产业首先姓中国，而不是西方。文化产业的发展首先是以满足广大人民群众的诉求为宗旨和目的，而中华元素所承载文化传统的资源乃是当下中国最乐意被消费的产品对象，全盘西化的文化产业之路是走不通的。在社会主义文化产业这一概念中，“社会主义”是文化产业的定语。但这个“社”，既不是某些人头脑里那个僵化的、非马克思主义的“社会主义”，也不是马克思和恩格斯或列宁和毛泽东最初所设想的那种“社会主义”，而是有中国特色的社会主义。这个“社会主义”是马克思主义中国化的结果，它不是按照某种事先的理论设计形成的，而是在实践中一步步走出来的[①]。“社会主义”界定了我国文化产业的性质。社会主义制度是我们的基本国家制度。中国发展文化产业，如果不讲社会主义，就是“忘记了事物的本质，也就离开了中国的发展道路”[②]。一个国家走什么样的道路，首先取决于社会制度。发展社会主义文化产业，首先要坚持社会主义方向，保持中国特色，要继承和创新中华元素承载的传统文化。民族精神、民族传统、民族生活方式是一个民族生存并延续发展的基础，没有了这些东西，一个民族也就消失了[③]。一旦消解了中华民族文化，消除了中国文化的社会主义属性，中华民族的内在凝聚力也会遭到削弱和化解，造成中国更深层次的文化弱势。邓小平早已强调，“绝不允许把我们学习资本主义社会的某些技术和某些管理的经验，变成了崇拜资本主义外国，受资本主义腐蚀，丧失社会主义中国的民族自豪感和民族自信心”[④]。我们将文化作为一种生产力对待的目的，是要将文化作为社会主义建设的手段，其文化利益则是满足人们的精神财富，而这些精神财富则是为我国大多数人所享用。关于这一点，经典马克思主义文化理论具有明确的论述。列宁指出：“建立社会主义社会基础的经济和政治手段足够了。缺少什么呢？缺少文化，缺少本领。”[⑤] 同时，列宁认为，社会主义的文化革命的目的不仅要将文化“由资本主义的工具变成社会主义的工具”，而且要“把专家由资本主义的服务者变成劳动群众的服务者”[⑥]。

近几年的发展实践表明，越是特色文化，就越能为市场所接受。我国文

① 马拥军：《中国化的马克思主义与中国特色社会主义》，载《江苏行政学院学报》，2009 年第 4 期。

② 《邓小平文选》第 3 卷，北京：人民出版社，1993 年版，第 204 页。

③ 潘嘉玮：《加入世界贸易组织后中国文化产业政策与立法研究》，北京：人民出版社，2006 年版，第 1 页。

④ 《邓小平文选》第 2 卷，北京：人民出版社，1994 年版，第 262 页。

⑤ 《列宁全集》第 43 卷，北京：人民出版社，1987 年版，第 399 页。

⑥ 《列宁全集》第 34 卷，北京：人民出版社，1985 年版，第 357 页。

化底蕴深厚，民族文化源远流长，中华元素所承载文化传统的资源乃是当下中国最乐意被消费的产品对象。当今时代是一个高度信息化、现代化的社会，我们应以世界性的审美观，在坚持人民共享文化产业发展成果的前提下，打造出属于本民族同时又能为国际社会所认可的社会主义文化产业。正如国学大师张岱年所期望的那样："无论是'中体西用'还是'西体中用'，也无论是国粹主义还是'全盘西化'，都走不通，只有辩证的综合创造，才是中华民族文化复兴的坦途。"① 社会主义文化产业要想取得更大的发展，还需要融入世界范围内的文化产业发展格局中，中国的文化产品如何在世界上能够走出去、走得好，且有极强的竞争力，关键在于中国下一步在民族文化个性化、特色化方面要拿出具有鲜明中华元素转换的中国品牌、中国特色的文化产品。中华文化在其长期发展的历史进程中，形成了门类齐全的多层次、多样化的文化资源，对人类文化发展做出了重要贡献，在世界文化宝库中具有不可替代的价值。丰富的文化遗产是中国发展社会主义文化产业得天独厚的优势，也是一笔取之不尽、用之不竭的宝贵资源，任何一个国家和民族文化的发展，都是在既有文化传统和丰富的文化资源基础上进行的文化传承、变革与创新。如果离开传统、割断血脉，就会迷失方向、丧失根本。在全球化趋势深入发展的今天，我们必须充分认识中华传统文化的历史意义和现实价值，以礼敬自豪的态度对待优秀文化传统，努力在继承优秀传统文化的基础上不断创新，把这些优质文化资源充分挖掘和激活，使之转化为世界人民都能享受到的文化产品，创造出具有独特中国风格和时代特色的文化产品，社会主义文化产业在世界竞争中才有自己的比较优势和较强的市场竞争力，才能推动中华文化以旺盛的生命力和凝聚力走向世界，铸造中华文化的新辉煌。

二、民族特性存在消磨与迷失的危机

中国动漫有过辉煌的历史，曾被尊称为"东方学派"，20 世纪 20 年代制作的《铁扇公主》是亚洲首创。20 世纪 60 年代初，我国就制作过一批较成功的动漫原创作品，如《大闹天宫》《三个和尚》《小蝌蚪找妈妈》《神笔马良》等，这些作品既是民族的也是世界的，不仅我们中国人喜欢，而且至今仍被西方的动画界顶礼膜拜。自 20 世纪末以来，我国动漫产业转变了生产状

① 张岱年，程宜山：《中国文化论争》，北京：中国人民大学出版社，2006 年版，第 326 页。

态和经营方式，在市场大潮中确立了社会效益和经济效益双赢的发展理念。进入21世纪以来，国家陆续出台了一系列扶持动漫产业的举措，动漫产业的政策环境持续走好。2006年国务院转发了财政部等十部委联合下发的《关于推动我国动漫产业发展的若干意见》之后，上海、北京、广东等各省市相应制定了许多地方性法规和政策来扶持动漫产业的发展，营造了有利于我国动漫产业发展的良好环境和社会氛围，动漫产业由此步入了高速发展时期。然而，动漫产业在表面上一片繁荣兴盛的景象的背后，没有完全进入产业化良性发展轨道，也即动漫产业仍处于很不成熟、极不规范的产业化初级阶段和发展困境。动漫产业的原创力量薄弱，真正意义上的“中国原创”或具有中国本土特色和民族风格的作品已经式微和没落，缺乏具有深厚的民族文化传统底蕴的品牌，缺乏文化底蕴和技术兼备的高素质复合型创意人才。特别是我国动漫产业在美日韩等国的挤压、冲击下，淡出了世界动漫强国之列。中国动漫在发展道路上暴露出的困难和问题显得日益尖锐复杂，在受众定位、文化创意、市场结构、创意人才、版权保护等方面存在的问题尤为严重。中国动漫要想走向世界，就必须努力克服这些制约因素，走出一条民族特色的路，形成中国人自己的动漫品牌。具体来说，制约我国动漫产业发展的主要因素有以下几点：

（一）定位有偏差，受众群体低龄化

动漫是一种大众文化，它应该拥有非常广泛的受众群体。然而，长期以来，中国动漫的对象定位为青少年，鲜有“成人动漫”这一概念。而国际动漫市场早已明确指向了成人目标消费群体，这些国家的人们认为，动漫仅仅是一种大家都适合的轻松的娱乐方式，并不只是儿童的专利。被誉为“动漫好莱坞”的日本，既被称为动漫的生产大国，也是动漫的消费大国。日本动漫作品的受众涵盖儿童、青少年、青年、成年甚至老年，人人都喜爱卡通，不同年龄的人都可以从中得到不同的趣味或感悟。同样，美国的《狮子王》《海底总动员》和“史莱克”系列等动画电影都是以成年人为主要受众群体的。美国动漫大师迪士尼曾说：“我不是主要为孩子们制作电影，而是为了我们所有人中的童真（不管他是6岁还是60岁）制作电影。”[①] 然而在中国，国

---

① 彭玲：《关于中国动画文化发展的思考》，载《上海交通大学学报（哲学社会科学版）》，2005年第1期。

人的观念中动画片是用来哄孩子、教育孩子的东西，谈及动画就会强调中国有3亿多儿童，已经成为不少动漫制作者们和一些上级部门的管理者的思维定式。我国动漫产业这种狭隘的观念和偏窄的定位，忽视了动漫有娱乐和艺术的本质功能，忽略了12岁以上的青少年乃至成人的欣赏品位和审美需求，人为地将动画的受众范围缩小了，造成动漫作品普遍低幼化严重、说教味道浓，从思想上局限了动画的发展空间。这不能不说是中国动漫的损失和悲哀。因此，我国的动漫产业要获得大的发展，应拓宽动漫作品的受众群体，突破低幼化现象，要在为儿童创作出优秀作品的同时，兼顾各个年龄段的受众需求。而且应强调动漫的娱乐性功能，以期达到卡通动漫产品的市场化和受众群体大众化的双重目标。

（二）传统文化与创意结合不紧密

一方面，我国是有五千年文明史的大国，拥有灿烂丰富的历史文化资源，众多的民间传说、文物遗存等都是动漫产业资源开发可利用的基本素材；另一方面，对中华传统文化和“三民”文化开发和利用的程度还很低，缺乏创新性，可拓展空间非常广阔，这是传统文化与创意结合不紧密的主要表现。要想有效地发展文化创意产业，不能不高度重视对传统文化的吸收和发掘，将传统文化元素转化为文化产品，以满足人们的享受和发展的需要，丰富人们的消费内容，优化消费结构，提高消费质量。国产动漫与传统文化资源应该是一种良性互动的关系。传统文化是国产动漫的核心竞争力，为文化创意的发展提供了丰富的资源和素材；创意的发展离不开传统文化的历史积淀，离不开对传统文化的承继和创新，国产动漫是弘扬传统文化的一个重要途径。可以说，动漫如果没有对传统文化的创造性借鉴，创意文化就将是无源之水、无本之木。

另一方面，中华传统文化的弘扬，一个重要的载体就是依托文化创意。创意产业的“创意”依靠创意人才的想象力，借助于高科技对传统文化资源的再创造。文化创意是创作动漫作品的核心和灵魂。美国迪士尼动画影片《花木兰》，就是在我国古老民间传说的基础上增加了现代的幽默与艺术想象及技术工艺，大胆、巧妙地把中国代父从军的孝女花木兰塑造成美国的孤胆英雄，这就是一种新奇的创意。中国许多动漫作品往往拘泥于传统观念，缺乏足够的创意和创新，理所当然不受欢迎。第一，内容缺乏创意。由于市场意识和商业观念的缺乏，面对丰厚富饶的传统文化资源宝库，动漫产业创作者们的眼光只是盯着那些他们自认为具有教育意义的题材，而将大量很有童趣的传统文化元素内容视而不见，一本《西游记》与《封神榜》被演绎了无数次，显现出选题单调和偏狭，再加上中国一贯重教育观念，在内容上就显得说教味太浓，对受众缺乏吸引力。第二，动漫形象缺乏创意。动漫角色的外在形象设计不够活泼和可爱，有严重的同质化倾向。我国的动漫设计应根据表现的需求，适当地借鉴日本动漫的精工细作、美国动漫的幽默夸张的优点，以此提高视觉的冲击效果，体现出动漫角色性格的立体性、复杂性，才会让人觉得真实可信、有亲和力。

（三）产业链和市场结构不合理

目前，我国的动漫市场几乎被进口产品所占据，进口产品占据市场的大部分份额，本土动漫产业处于疲软状态。造成这种市场局面的主要原因是我国动漫产业链的断裂和市场结构极不合理。动漫产业，是指以“创意”为内核，以动画和漫画为主要表现形式，包含动漫报刊、书籍、电视、电影、音像制品、舞台剧等动漫直接产品的制作、出版、播演和销售，以及与动漫形象有关的玩具、文具、服装、电子游戏等衍生产品的开发和经营的产业。衡量一部动漫作品的成功与否，除了电视或电影收视率的成功，更主要的是看动漫形象衍生产品的开发和经营情况。动漫产品商业价值的直接实现者，也即动漫产业链上最具经济效益潜力的部分是衍生产品开发与销售。按照国际惯例，动漫产业70%的利润是由音像出版和衍生产品开发实现的。在动漫产业最发达的美国、日本、韩国，其产品及其衍生产品的产值早已超过钢铁、汽车等传统工业，成为重要的支柱产业。而我国动漫产业在作品策划、制作时，并未充分考虑到将来所要面对的衍生产品，动漫的获利普遍停留在动漫的播出市场，而且市场占有率极低，这是我们发展壮大动漫产业必须意识到的重要问题。

（四）创意阶层尚未形成

人才是文化产业生存和发展的原动力，是创造价值的源泉，被视为现今影响经济社会发展的最重要的因素。动漫产业是智力和技术密集型的产业，更需要大量具有创意的专业人才。目前我国动漫人才的培养主要依靠学校，截至2009年，全国已有500多所高等院校以及包括中职、高职在内的1230多所院校开设了相关的动画专业，在校生学生总数已达到80万人次，每年培养毕业生20万人。这一数字比日本、美国、欧洲相加的总数还要多①。按理说，中国动漫专业人才的培养应该能充分满足动漫产业发展之需，然而现实却并非如此。由于教育结构的弊病，动漫人才的培养面临学校动漫教育与社会实际需求严重脱节、动漫人才市场面临需求与供给严重失衡的现象，而中国的技术型人才与创新型人才显得普遍短缺，创意阶层尚未形成。美国经济学家理查·弗罗里达指出，创意在当代经济中的异军突起，表明了一个职业阶层的崛起。目前，中国创意阶层尚未形成，其主要表现在：人才与产业的结合仍不够紧密；“文化人群”和创意人才的引进和培养尚未引起足够的重视。

（五）知识产权保护不力

侵权和盗版问题已经成为制约中国文化产业发展的一个严重障碍，造成侵权和盗版屡禁不止的原因，一方面是人们的知识产权意识单薄；另一方面，主要是执法力度不够，知识产权立法在中国的不完善更是问题的关键所在。动漫产业作为智力密集型产业，是以知识产权为核心资产的，需要完善的知识产权法律和规范的制度，以保护动漫原创成果和产业开发的收益。由于整个市场运作过程中动漫产业尚存在许多不成熟和不规范的地方，因而国内版权意识淡漠和侵权的事件屡屡发生，盗版和盗播的问题非常严重，在盗版产品面前，动漫形象品牌的自主知识产权显得苍白无力，成为制约动漫产业发展的现实瓶颈。动画电影《喜羊羊与灰太狼之牛气冲天》即是一个鲜明的例子。市场上已开发的《喜羊羊与灰太狼》的所有正版产品，几乎在全国各地的批发市场上都有类似的盗版，甚至还未开发的市场上盗版产品就已出现。盗版产品不仅仅侵占了合法产品的市场，关键是质量问题让合法产品产生难以估计的市场声誉损失，从根本上制约了动漫业的整体提高和发展。因此，加大保护知识产权力度，实际上是保护创新精神，有利于形成尊重知识、尊重智力创作、促进创新的良好社会局面。否则，创新将很难开展。

三、西方文化产业的冲击和挑战

我国文化产业特别是动漫产业，在以强势姿态掌握着话语主动权的动漫强国美、日、韩面前，处于落后、被动的尴尬处境，面临着严峻的文化安全的考验。从全球化的发展态势来看，包括动漫文化在内的各民族文化并非处

① 王海晋、王玉琪：《近年动画专业人才培养陷入误区》，载《北京青年报》，2010年6月8日。

于对话和交流的平等地位。美国乔纳森·弗里德曼认为："如果不考虑霸权、抵制性的认同、支配性的和从属性的话语这些现象，就不可能理解全球体系中的文化过程。"① 可以说，我们欢迎而不害怕和拒绝文化全球化，但我们要抵制西方发达国家把他们的生活方式、价值观念等意识形态内容通过全球化向文化不发达国家渗透，从而导致全球文化的同质化，这就是意大利葛兰西所提到的"文化霸权"。文化霸权在动漫领域展露无遗，美日等动漫发达国家利用强势的动漫文化产品迅速占领了全球大部分动漫市场，在赚取最大商业利润的同时，公开或隐蔽地推销兜售其意识形态、价值观念、社会制度等理念，导致不发达国家和弱势民族的声音被掩盖、被弱化，使这些不发达国家和弱势民族面临着文化认同的危机。国外动漫对我国的动漫市场也造成了严重的冲击，更为严重的是，我国部分青少年耳熟能详的大都是美日动漫，他们在迷恋外国动漫的同时，对日美等国的文化意识和价值观念在潜移默化中接受了。为了维护和捍卫祖国的经济利益和文化安全、守护和营造中华民族的精神家园，动漫产业必须保护并利用我们国家那些丰富而宝贵的中华元素，让独具中国特色的产品重新迈入世界动漫强国之列。

第四节　中华元素转化为文化产业的现实路径

丰富的中华元素是我国发展文化产业的现实条件和比较优势。如何把中华元素利用好，如何把静态、有限的资源优势转化为鲜活、生机无限的文化产业优势，是摆在我们面前的时代课题。以作为新兴文化产业的动漫产业为例。动漫产业要将中华元素这一丰富资源转化为文化资本，应该将民族特色与全球视野兼顾、情感熏陶与科技理性相融、经济利益与社会效应并重，以现代化、本土化为根基，以审美化和人文化为旨归，以国际化和产业化为方向，对中华元素进行形与神全方位的整合创新，最终实现我国动漫产业真正现代意义上的民族性。本土化、审美化、人文化是实现中华元素转化为产业的内涵优势，国际化、现代化、产业化则是中华元素转化为产业的外在推力。

① ［美］乔纳森·弗德里曼：《文化认同与全球化过程》，郭建如译，北京：商务印书馆，2003年版，第41页。

中华元素在处理“六化”的过程，实际上就是动漫产业实现中华元素转化的现实路径。

一、中华元素的本土化与国际化

动漫作为文化产业的一部分，是文化传播的载体，在传承中华民族优秀文化中饰演着重要的角色，是一国文化话语权的有力保障。它同时又是一种寓教于乐的工具。“观众通过艺术作品的人物形象和故事情节直接感触到的是一种感性的、直观的力量，在这种艺术形象的基本精神图景中感悟、理解出的是关于人性、道德、伦理文化内容，而不是一种意识形态的、政治的、政策的内容。”① 融会了中华传统文化精神的动漫产业，必将有力推动新时期中华元素的广泛传播。因此，在文化产业中全面把握中华元素的本土化与全球化的辩证关系非常关键。实践证明，在国际文化市场上取得成功的中国作品，大多是在主题、思想观念等方面彰显中华元素的作品。中华元素“走出去”既要充分发掘民族特色，又要考虑国际市场的接受度，真正做到中华元素本土化与国际化的结合。

“本土化”（Localization），最早用于西方人类学对殖民地社会发展的考察。是指外来之物逐渐融入当地文化群落，拥有或具有“本土的”特质的过程。我们可以从两个部分来理解“本土”和“化”。我国著名人类学家彭兆荣提出了“本土”的边界以及如何合理地界定的问题。“本土”最初的含义指的是有一定地域限制的“乡土”，伴随着资本主义的扩张，“本土”有了对应的词语“异域”，正是一个个具有不同特色的“本土”组成了世界，例如东方世界和西方世界。“化”呈现的是一个过程，总体趋势可以是由浅入深，也可以是从无到有。在营销领域，本土化主要表现为跨国公司在生产管理或国际营销过程中，为扎根当地市场而迎合东道国的风俗习惯、宗教信仰等文化传统的发展战略②。民族性是一个民族的文化精神和思想观念的载体，是浓缩了一个民族文化精华的表征，调节着本民族与外来文化的矛盾和冲突，是一个民族文化传统和思维方式积淀传承的个性特点的自然呈现，影响着本民族文化的发展。“艺术的民族性就是指民族道德思想和传统文化中反映的民族

① 贾磊磊：《中国主流电影与文化核心价值观的建构》，载《光明日报》，2007年3月6日。
② 王佳：《中国广告本土化研究的历时性考察》，西北大学硕士学位论文，2008年。

的感情、意志、利益、欣赏习惯和审美趣味”[①]。本土化视域中的“民族特色”，是“作家、艺术家运用本民族的独特的艺术思维方式、艺术形式、艺术手法来反映现实生活，表现本民族特有的思想感情，使文艺作品具有民族气派和民族风格”[②]。“民族化”则是以彰显民族性为目标的一种主动的追求。

全球化（Globalization），是当今时代一个重要趋势和特点。自1985年美国经济学家提奥多尔·拉维特（Theodre Levitt）在《市场全球化》一文中首次明确提出这一概念以来，其含义是指“由市场经济带来的各国经济的一体化相互依存状态的趋势”。全球化带给我们的是一个不可回避的现实生存境遇，即打破了国土、民族、文化习俗和意识形态的边界，一切商品、信息技术、人力和资本市场等都可以在全球范围内自由交换和往来。全球化虽首先产生于经济学领域，但也包含政治、文化和社会生活等领域的各个方面。综合目前学界的定义，它是一个以经济全球化为核心，不同国家、民族和地区在政治、科技、文化、生活方式、价值观念等方面多层次、宽领域的互相联系和制约的多维概念。全球化带给我们的不仅仅是货物、资本和人员等在世界范围内的频繁流动，还包括文化产品、文化资本和文化价值观念等在全球范围内的自由流动。各国的文化资源成了国际经济合作的基础和经济发展的重要筹码。

在全球化语境下，随着互联网技术的迅猛发展，信息与文化的传播可以任意到达地球上的每一个角落。比如某些具有民族性和地域性的文化产品，如社交名曲《友谊地久天长》原是古老的苏格兰民歌，一经美国好莱坞商业化的包装改造、作为电影《魂断蓝桥》主题歌播放以后，马上风靡全球，成为全世界不同地域人群社交活动所共享的文化经典，实现了民族文化的互补与共享。又如美国迪士尼动画《花木兰》借用了中国本土的历史传说人物花木兰，美国梦工厂动画《功夫熊猫》（*Kung Fu Panda*）中出现了中华元素“功夫”和“熊猫”；另一方面，日本的铁臂阿童木和机器猫、美国的米老鼠和蓝精灵这些动漫形象在我国可以说是家喻户晓。然而文化的全球化强调的是文化的多元化和多样性，不是文化的一体化。动漫产业的发展，要在“民族”和“外来”的两块基石上将民族特色与国际视野兼顾起来，正确处理好

① 李维世：《艺术概论》，石家庄：河北美术出版社，2001年版，第385页。

② 《辞海》，上海：上海辞书出版社，1989年版，第4723页。

中华元素本土化与国际化的关系，积极挖掘中华民族传统文化资源并加以开拓创新。

中华元素的本土化，其核心是通过动漫作品呈现出中华民族丰富多彩的文化元素并传达本民族独有的精神和气韵。中华元素的国际化，是指开发和制作动漫作品要具有开放的全球化意识和国际化视野，使中华元素国际表达，按照市场法则积极主动地参与全球文化的交流和互动。中华元素处理好本土化和国际化的关键是在于把握“民族”和“外来”之间的标准尺度，这样才算真正理解了中华元素本土化与国际化的精髓所在。“只有民族的，才是世界的”，“越是民族的就越是世界的”。中华元素的本土化在任何时候都应摆在第一位，不能过分强调国际视野而抹杀了民族特色。本土化必须融入国际化的时代洪流，积极打造动漫“中华学派”响亮的名号。对于渐渐融入世界市场中的动漫产业来说，中华元素本土化与国际化的关系问题本质上是一场博弈之战，是为了争取利益最大化和避免文化同质化。强调本土化，绝对不是意味固守中华元素的旧貌一成不变，因循守旧，而是至少涵盖了以下三个方面的内容：一是在“形”与“神”两方面赋予动漫作品以中华特色；二是积极借鉴外来的优秀文化元素和世界先进经验；三是表达与时俱进的时代精神。时代在发展进步，人们的审美需求也在不断地变化，因此，动漫产业的发展，首先要用现代眼光重新审视并整合创新博大精深的中华民族传统文化资源，发展创新中华元素，将那些具有深度和广度的、具有广泛民众基础的和普遍意义的文化精华要素吸收进来，尽快建立一批综合性动漫产业集团，打造凸显中华元素的、中国价值观的动漫产业的航母，发挥其在传播手段、技术创新、资金、人才以及市场覆盖能力等方面的文化传播优势，才能更好地承担起建设和保护民族优秀文化和发展社会主义文化产业的重任。其次，要表现出开放、豁达和包容的胸襟，在国际化大视野中对外来文化元素采取“拿来主义”，融入我们自己的民族文化中，将动漫做得好看、耐看的同时，在价值观念、地域色彩、风俗习惯、审美品位等方面凸显出中华民族的精神气质和民族特性，用现代化的艺术形式将中华元素传达出来，在国际市场上尽情挥洒独特的东方魅力。而这正是美国动漫一剂屡试不爽的“灵丹妙药”。耐人寻味的是，无论美国动漫如何大肆化用其他国家的民族文化元素，却始终保持着自身的民族气质和独特风格。如《木兰花》体现了中西合璧，将本土化和国际化相结合，达到炉火纯青的地步。可见，本土化和国际化是一种扬弃的过程，求同存异、挖掘共性，中学为体、洋为中用。“学习国外好的经验，只是‘为我所用’，最终为了创造自己民族的新的动画风格……艺术上的抄袭和模仿，只能成为他人文化上的附庸，是没有发展前途的，只有立足民族文化而去开掘创新，才能有所作为”①。

二、中华元素的审美化与现代化

中华元素不是一个僵硬的历史通道，而是作为当代中国人说故事的一个起点和彰显生活世界感觉时空中的心理遗存物的工具手段，通过这一手段，去积极表达中华民族的过去、现实与未来的文化想象空间。中华元素概念的出现，是一个包含了选择、引发和扬弃的复杂过程。从形象上比喻，像列车的铁轨有两条并行的轨迹在同时发展。一条是“生活方式的选择”，中华元素是一个概念、一种哲理、一种生活方式、一种有质量和时间跨度性质的特殊形式；另一条是“视觉的冲击”，它颠覆了传统的以题材为核心的创作模式，将中华元素从传统文化中剥离出来，运用新材料，通过精湛的技艺，造成一种基于材料的视觉冲击，让观众感知中华文明。如何对极为丰富的中华元素资源进行更为自觉、广泛的运用与开发，使得中国的产品能够更具有时代的创意和前卫的风格，并切合现代审美观，成为一种更具有现代感与时尚感的现代新产品，是我们在创制中华元素的产品必须考虑的一个问题。

动漫是一种兼具审美化的情感艺术和现代化技术的产业。技术和艺术的双重属性，是动漫固有的并决定它性质和发展趋势的根本属性。要将具有传统特色的诸多文化元素更好地整合、融会到现代时尚文化的创意之中，关键在于努力实现中华元素审美化和现代化的转换。

从艺术性角度来看，审美功能是中华元素的本原特征。离开了审美情感，中华元素也就失去了存在意义和价值。动漫要充分利用富有现代审美观的中华元素，以可爱鲜活的角色、以情动人的故事、充满诗意的奇境以及内在本真的人性光辉去打动人心。“现实世界中太多的不完美，无法尽善尽美，人们自然而然地会在虚拟的世界里追寻尽善尽美，这就是动画的世界。动画就成了人们进行审美诉求的‘近’善‘近’美之径。也就是说，动画可以让人在

① 张松林：《总结过去　展望未来——为上海美术电影制片厂成立四十周年而作》，《中国电影年鉴 1998—1999》，北京：中国电影出版社，2000 年版，第 210 页。

精神的世界里无限接近完美。”[①] 动漫艺术是审美的、诗意的、灵动的，在艺术中凝聚的是人的情感欢愉和人性美好的追求，是能对人们的心灵起到一种审美提升作用的。对动漫创作者来说，对中华元素的甄别筛选是塑造一个真实感人的动漫形象的必要素养。中华元素只有表现为与消费者偏好一致特殊的个性化的具象品才使欣赏者在视听感官的强烈冲击下赏心悦目，同时又被一股人性化的精神力量感动乃至震撼着，从而引起情感共鸣。动漫艺术家路盛章现身说法：“在我的创作中，我一直力求表现人性，表达某些哲理。我希望我的动画一定是大家都能看的动画，而且看过之后，能引发某种情感，产生某种思考，绝不做教条、古板、假的东西，而应该是人类情感的自然流露，最好是不同国籍的人都能看懂。我的初衷是要人性化、中国化、国际化、大气的那种。”[②] 动漫蕴含人类共同的情感追求，对真爱的渴求、对亲情的珍视、对生命价值的叩问、对人类命运的追寻……冲破了诸如语言、年龄、种族、意识形态等障碍，具有永恒的审美价值。

从技术性角度来看，技术是中华元素转化的生命线。中华文化是中华民族在长期的实践活动中创造的，能影响整个社会的、具有稳定结构的共同精神、心理状态、思维方式和价值取向等精神成果的总和[③]。在五千年的中华文明演化和融合的过程中，蕴生了独具特色、灿烂辉煌的中华元素：影响深远的诸子学说、气象万千的诗词歌赋、独具匠心的书画雕塑，还有泽被后世的四大发明等等。这些都是发展我国文化产业特别是动漫产业不可或缺的文化资源。然而，我国拥有如此丰厚的中华元素，却大多缺乏相应的开发手段。随着高新技术的运用，不断开发和创新了中华元素，并对大量的中华元素进行数字化存储和保护，形成庞大的文化资源数据库。科学技术的运用，不仅可以将中华元素转化为文化产品，而且可以提高文化产品的科技含量和附加值，将文化资源转变为文化资本。这里需要特别指出的是，“现代化”不仅仅是指技术的现代化，还指渗透在动漫艺术中的中华元素的现代化。余英时指出：“在我看来，所谓‘现代’即是‘传统’的现代化；离开了‘传统’这一主体，‘现代性’根本无所附丽。”[④] 动漫产业需要用现代意识和眼光对中

① 王可：《动画概论》，北京：清华大学出版社，2010 年版，第 7 页。

② 路盛章：《关于动画创作中民族化、国际化和人性化的思考》，《装饰》，2007 年第 4 期。

③ 李道湘，于铭松：《中华文化概要》，上海三联出版社，2007 年版，第 5 页。

④ 余英时：《文史传统与文化重建》，北京：三联书店，2004 年版，第 8 页。

华元素进行现代性的诠释和转化：一是挖掘传统民族文化中与当今时代的价值观直接对接的中华元素；二是对已有的中华元素进行整合和重组，“老树发新枝”，迎合现代大众的精神文化和审美需求。

三、中华元素的人文化与产业化

作为能带来巨大经济效益和文化效应的新兴文化产业，动漫产业被誉为“21 世纪创意经济中最有希望的朝阳产业”①，是当今世界发达国家推动经济和社会可持续发展的新引擎。美国、日本和欧洲以及一些新兴的动漫强国的动漫产业已经发展到一个相当成熟的阶段，而且日渐成为这些国家的重要支柱产业。在中国，动漫产业是最具发展潜力的新兴产业之一，也是中国政府列为重点扶持的文化产业，在拉动经济增长、繁荣文化方面将对当代社会产生深远的影响。为此，中华元素在转化为动漫产业的过程中，要做到社会效益和经济效益并重。

中华元素人文化强调的是社会效应。要想打造凸显中华元素的、具有中国价值观的优秀动漫产品，创作者心里必须有杆秤，首先是要对中华元素进行认真的甄别和筛选，要让中华元素真正代表我们中华民族传统精神和文化精髓，搞清楚什么样的人文意识和普适价值是最受大众欢迎的，怎样才能让受众在愉悦的笑声中释放自我、超越自我。“动画片作为认知社会现实的一种载体，承载着温情梦想，也承载着社会百态，用一种更加成熟、理性和社会化的目光去观照当今动画，这种一早期令人惊叹的技术形态早已经因为人文关怀的不断注入，而展示出万千姿态。”② 向动漫产业注入现代化的人文内涵，将中华元素与时代精神相联系，或者从中提取人类共同的审美趣味和价值取向，例如，对善良、正义、自由和爱情的向往，对个体的生命、成长、责任、终极价值的探讨等，从而使得动漫文化产品在娱乐大众的同时凸显其精神生产特征的根本性意义，以健康的内容引导大众对人类社会和个体生命的深度人文关怀，满足他们的期待与需要，以促使人在全面发展过程中实现人生价值和意义。动漫产业整合创新中华元素的过程，可以视为凸显其精神生产特征的根本性意义的过程，也即彰显其人文精神、传达其审美情感的过程。这

① 彭玲：《动画创意产业》，上海：东方出版中心，2009 年版，第 25 页。
② 齐骥：《动画文化学》，北京：中国传媒大学出版社，2009 年版，第 199 页。

一过程既可以为现代社会的核心价值体系提供积极健康的人文价值保障，也有利于社会主义和谐社会先进文化建设，有着重大的社会现实意义。

中华元素的产业化强调的是经济效益。从市场开发的角度来看，中华元素的激活不可避免地要推向市场，作为文化产业的重要资源，按照市场规律进行市场开发和利用。我们常说，美国人靠“一杯水、一个面包、一个小老鼠”，也就是“可口可乐、麦当劳、米老鼠”，赚全世界人的钱，这其中并不是靠的产品，而是靠内在的文化。中华元素不是与商业元素格格不入的市场毒药，而常常是引领市场的制胜法宝。丢掉本土特色的文化产品，是没有长久的市场的，也是缺乏市场竞争力的。中华元素应该将人文化和产业化结合起来，实现社会效应和经济效益的和谐统一。虽然中华元素产业化并不能直接保证优秀动漫的产出，但是优秀的动漫要真正实现自我多重价值，就必须走产业化的市场发展道路。因此，动漫产业要想在激烈的文化竞争和市场角逐中找准自己的定位，应在全球化浪潮和中华民族文化走向伟大复兴的大背景下，充分激活和创新中华元素，从中华元素人文化和产业化两方面入手，齐头并进，以实现经济效益和社会效应的双赢。

第五节 中华元素与文化产业强省战略
——以安徽省为例

“中华元素”这一概念作为一个独立主体的地位日渐突出，频频出现在学者、创意人的论述当中，如今，“中华元素”现象已经上升到如何挖掘民族文化、区域文化资源与提升中国品牌自信心的高度。只有把优秀的文化遗产激活为文化创新的原动力，并使之通过跨国界传播，成为其他国家和国际社会的基本价值观或主流文化，发源这种文化的社会才能获得巨大的软实力①。但是，“中华元素”不是抽象的概念。中国之大，情况千差万别，应当发挥各个地方的主体性、能动性。中华元素的开发不仅应当抓住代表性的符号，还应当具体到地方文化的各种资源。安徽作为文化资源大省，近些年来，文化产业的发展走在全国的前列，创造了全国瞩目的“安徽现象”。“安徽现象”的

① 王沪宁：《作为国家实力的文化：软实力》，载《复旦学报（社会科学版）》，1993 年第 3 期。

本质是让安徽的文化资源优势变为文化产业优势，为安徽的加快崛起提供有力支撑。受此启发，笔者认为，安徽有着文化发展的基础优势，如能进一步分析安徽区域文化特性，挖掘其丰富的文化资源，提炼出能够走出安徽、走向世界的“中华元素”，努力将这些资源优势转变为综合实力，打造富有中华元素的特色文化产业，就一定能够推动安徽文化产业实现跨越式发展。

一、安徽区域文化及特性

区域文化是社会群体在长期共同生活中形成的、具有一致认同性的、不可移植的独特文化。今日的安徽，受淮河和长江的切割，将全省自然地分割为面积大致相等的三块：淮北地区、江淮地区、皖南地区，在这三个区域内分别流行着三种具有显著差异的区域文化：淮河文化、皖江文化与徽州文化。结合相关学者的研究成果，我们总结出安徽文化所具有的四个主要特性：

（一）差异性与同一性

王跃飞、韩正安（2009）① 认为，由于受周边多种文化的影响以及各地区之间的地貌、气候的差异性，安徽的区域文化呈现差异性与同一性的特点。淮河文化特色是民风粗犷、尚义、较保守、中庸，传统的儒家、道家文化色彩较浓。皖江文化主要特色为具有较浓厚的儒家文化传统，崇尚人文精神，文风兴盛。皖南地区的徽州文化具有开放进取、注重实际精神。尽管安徽各区域之间在文化方面存在明显的差异性，然而作为同一省份，各地区之间在政治、经济、文化各方面的广泛联系，使它们之间必然具有很多共同特点。具体表现为两点：都具有丰富的传统文化底蕴，均有着丰富的自然文化遗产，自古以来，人才辈出；传统文化向现代化的转型不足。

（二）开放性与进取性

安徽地域包含了黄河文化和长江文化的不同地带，并处于沿海文化与内陆文化之间的过渡地带。这样，安徽文化在其形成发展过程中不仅吸纳了大量外来文化的精华，而且其内部的三个区域文化仍保持着各自的特色与传统，这就使得安徽文化产生了较大的开放性，易于吸纳其他区域文化的长处和优

① 三跃飞，韩正安：《安徽省区域文化特征及其对区域经济的影响分析》，载《安徽科技学院学报》，2009 年第 3 期。

点[1]（王荣科，1998）。

（三）传承与创新并举

陈友冰、唐先田（2006）[2] 从安徽历史文化名人角度分析，认为“天人合一”“以人为本”“人格魅力”“反腐倡廉”“恪守诚信”等文化精神，在安徽传统文化中有存在较好的传承。李宜春、王品慧（2007）[3] 从哲学、史学、社会学、政治学、文学艺术与科技工艺等层面展开分析，认为安徽文化具有张扬自如、通变创新、经世致用、好学尚贤、理性求真等主要特质，同时认为“长于创新”是安徽文化的本质特征。

（四）优质文化资源与文化软实力弱势共存

刘建萍（2011）[4] 从文化软实力角度入手，认为安徽具有优质文化资源，具体表现为：历史文化悠久、人文与自然景观丰富、地方戏曲与舞蹈异彩纷呈、新兴文化产业蓬勃发展。但是安徽文化软实力的缺失也是触目惊心，具体表现为：文化管理体制不健全、外部价值观冲击导致文化传承不力、文化价值传播渠道不畅、文化软实力缺乏经济硬实力的有效支撑。

总之，在转型经济的背景下，安徽要想率先在中部崛起，就得采取合适的中华元素运用方式，充分挖掘安徽丰富的文化资源，完善区域经济与区域文化的互促机制，加大文化发展力度。

二、中华元素与安徽区域经济关联性分析

（一）“中华元素”的分类

目前对中华元素的分类主要集中在传统文学、传统艺术和民俗文化等方面[5]。安徽文化产业资源十分丰富，具体包括山水自然文化、历史文化遗产、民间艺术、传统工艺、民俗传统等。这些有着深厚文化底蕴、广泛社会影响、鲜明特色与发展活力的历史文化安静地隐藏在安徽各地，其不仅是地方的主要文化资源，而且是中华元素的丰富素材。

---

① 王荣科：《安徽文化建设的若干思考》，载《安徽大学学报（哲学社会科学版）》，1998 年第 6 期。

② 陈友冰，唐先田：《安徽文化中的人文传统与当代价值重构》，载《江淮论坛》，2006 年第 2 期。

③ 李宜春，王品慧：《安徽文化特质综论》，载《合肥工业大学学报（社会科学版）》，2007 年第 6 期。

④ 刘建萍：《安徽文化软实力刍议》，载《东南大学学报（哲学社会科学版）》，2011 年第 5 期。

⑤ 贺华玲，贺华琴：《中国元素在广告创意中的应用策略探析》，载《作家杂志》，2009 年第 1 期。

1. 山水文化

中国自古就有“仁者乐山、智者乐水”的文化传统。山水是自然界和祖先留给我们最珍贵的文化遗产，安徽有黄山、九华山、天柱山、齐云山、大别山、仙寓山、司空山、明堂山、琅琊山、敬亭山、八公山以及长江、淮河、皖河、新安江、巢湖、武昌湖、嬉子湖、升金湖、太平湖、花亭湖、万佛湖、涡河、汴河等，山川秀美，风光旖旎。山水之间流传着瑰丽多彩的历史文化传说，蕴含和引发了丰富深厚的文化现象，在这些大河名山的孕育下，丛生出独具魅力的江南水乡、皖北乡镇。

2. 历史文化

安徽自古就是风云际会、兵家必争之地，中国历史上的许多重大事件都发生在江淮大地上，如大禹治水、陈胜吴广起义、楚汉相争、淝水之战、三国张辽威震逍遥津、太平军安庆保卫战。此外，国人耳熟能详的许多成语典故很多都出自安徽，例如：望梅止渴、卷土重来、草木皆兵、打草惊蛇、十面埋伏、班门弄斧、不敢越雷池一步等等，这些成语的背后都是一个个发生在安徽的鲜活故事，都可以成为发展文化产业的重要营养。“我省现有国家级重点文物保护单位36处，省级重点文物保护单位451处，国家级历史名城4座，省级历史文化名城10座。安徽民间戏剧舞蹈共有650余个，独具特色的约有100余个。此外还有202个项目入选省级非物质文化遗产名录，31人被评为国家级非物质文化遗产项目代表性传承人。”①

3. 名人文化

安徽人杰地灵，在中华民族文化中，安徽文化占据了重要的分量。安徽的秀美河山孕育出一批又一批彪炳千秋的杰出人物，例如春秋战国时代的老子、庄子、管子，汉魏的曹操、曹丕、曹植、嵇康、华佗、周瑜，宋代的毕昇、包拯、朱熹、梅尧臣、李公麟，明清的朱元璋、方以智、程大位、渐江、邓石如、程长庚、吴敬梓、戴震、方苞、姚鼐、刘大櫆、王茂荫、黄宾虹，晚清的李鸿章、刘铭传、詹天佑，现代的陈独秀、胡适、陶行知、朱光潜、邓稼先、杨振宁、赵朴初、海子等等。他们的身上凝结着安徽人文精神的精髓，为中华文明乃至世界文明的进步做出了巨大的贡献，产生了深远的影响。

---

① 张俊生：《安徽省农村文化产业发展战略研究——以芜湖市为研究视角》，载《东南传播》，2011年第6期。

安徽省社科院编辑出版的《安徽历史名人词典》收录了数目庞大的皖籍历史名人，这些名人典故、名人故居、名人祖居、名人足迹等皆可以成为开发文化产业的遗产。

4. 建筑文化

安徽古建筑文化中的砖木结构形式、雕梁画栋、城郭形式等成为农村文化的瑰宝，体现出地域的文化特色、地方特色、民族特色。农村各地分散着诸多名人故居、书院、寺庙、祠堂、会馆、戏台等公共建筑或发生过重大历史事件的场所。古村落承载着农耕文化的广泛性、多样性、系统性及民族特色，是传统文化的根基所在。安徽建筑风格南北各异，以皖南徽派建筑最为著名，其中黟县的西递、宏村是徽派建筑特色的集大成者。

5. 民俗文化

民俗是一种活的社会化石，是一个地区长期形成的风尚和习惯。民俗有节日民俗、生活民俗、婚育民俗、生产民俗、文娱民俗、宗教民俗、民族民俗等若干方面，也可分为良俗、奇俗、怪俗、陋俗等类型。安徽地域广阔、南北文化差异较大，各类节庆、服饰、饮食起居、婚丧、宗教信仰等构成了一幅幅色彩斑斓的民俗风情图画，展示了安徽人民追求幸福、安居乐业的美好愿景。如皖南的跳钟馗、叠罗汉、唱傩戏，皖中的洋蛇灯、邀大岭、打连厢、走高跷、跑竹马，皖北的肘阁抬阁、旱船、凤阳花鼓等，不仅地域特色鲜明，而且有极强的观赏性。

6. 艺术文化

安徽传统戏剧、民间音乐、传统手工艺、民间舞蹈、民间美术都十分发达，许多艺术门类和成果享誉海内外。这些艺术大多历史悠久、雅俗共赏，具有广泛的群众基础。如传统音乐中的当涂民歌、巢湖民歌、五河民歌、铜陵牛歌、潜山弹腔，戏剧中的黄梅戏、徽剧、泗州戏、庐剧，传统美术中的新安画派、阜阳剪纸、徽州四雕、徽派篆刻，望江挑花，传统手工技艺中文房四宝中的宣纸歙砚、芜湖铁画、万安罗盘、王河竹簟、岳西桑皮纸，传统体育杂技中的宿州马戏、临泉杂技、亳州五禽戏，传统舞蹈中的花鼓灯、傩舞、猴子舞等，地域特色鲜明，形式活泼多样。

上面列举的六类只是安徽文化资源宝库中具有典型性的代表部分，大致上反映了安徽文化资源的主体面貌。我们发展文化产业，最主要的还是取决于安徽各地能否将本地、本区域的文化沃土转化为文化金矿，让当地居民享受文化产业带来的福利，也是我们发展文化产业必须首先考虑的问题。

（二）中华元素与安徽经济的关联性

作为非正式约束的文化，如果符合社会运转的需求，则会促进区域经济发展；反之则阻碍区域经济社会的进步。经济与文化不断交融，展现了经济的文化性和文化的经济性，经济发展离不开文化支撑。安徽区域文化中的中华元素既包含许多有利于经济和社会发展的因素，同时也存在一些消极成分。因此，必须按现代社会主义市场经济发展规律的要求，对区域文化的因子进行分析、甄别，对其进行合理的扬弃，传承、弘扬其中的积极成分，批判、抛弃其中的消极因素。

总体上看，安徽文化相对于社会市场中心的趋同性是大于其背离性的。安徽具有丰富的中华元素，有利于发展文化产业，提升区域及企业形象。小岗村的家庭联产承包责任制、芜湖“傻子瓜子”的私营企业、马钢集团和美菱集团的股份制改造、安徽出版集团有限责任公司的成立等，都在全国产生过较大的影响。同时安徽黄梅戏产业也在层出不穷地推出新品，各地文化产业园的建设不断兴起，都是文化强省战略的有效支撑。

三、实施文化强省战略应该坚持的方略测度

安徽社会经济的发展，离不开文化层面的约束。在科学剖析安徽文化特征的前提下，结合转型经济背景，安徽经济的发展应该采取合理的制度变迁方式，以求实现安徽区域经济与区域文化的良性互动。

（一）采取合适的制度变迁方式，整合三大区域文化

杨瑞龙（1994）① 在对中国制度变迁方式分析中得出结论，认为当前中国主要采用政府主导型和渐进式制度变迁方式。选择政府全面主导，还是选择政府、企业、个人不断博弈，反复演进？权衡得失与交易成本，我们认为政府全面主导会压制创新活力，导致机会主义行为与低效率。如果采取后者，则不同市场主体之间的博弈所产生的均衡将会提升市场经济效率。江浙发展模式则是成功的例证，值得安徽借鉴。

安徽三大区域文化的特殊构成，表面上给安徽文化的融合制造了历史裂

---

① 杨瑞龙：《论我国制度变迁方式与制度选择目标的冲突及其协调》，载《经济研究》，1994年第5期。

痕，但是多元文化交融，将是安徽经济社会发展与率先实现中部崛起的一大动力支持。关于不同文化类型对制度变迁影响的差异性研究，大多只是将文化简单划分为创新型与保守型。这是不够的，基于霍夫斯塔德对于西方文化的多维度性分析，我们认为安徽三大区域中也存在个人主义与集体主义、权力距离、不确定性规避、刚柔性和长期方向的差异性及其整合。同时考虑到国家（地区）文化软实力包含制度与精神两大维度，对于安徽而言，民主与法治必不可少，统治和治理方式要追求公开、公正、高效；伦理、尊严与文化也缺一不可，商业伦理层面要强调品牌建设、无形资产累积、经济组织方式优化和文化张力提升。市场经济的发展需要各个经济主体的融入，三大文化地域的人们将会在全省范围内进行思想文化的碰撞与交融，并产生积极的、诱导式的、渐进的制度变迁。

（二）政府的制度创新及其长期性

市场经济发展所需的“基本路径和准则、制度供给、微观主体的制度创新活动，市场经济的培植”在中国现阶段依然主要靠政府。安徽区域经济的良性发展与“中部崛起”战略都不能掩盖“政府行为和观念是影响市场经济发育和运行绩效的关键内生变量”这一事实。因此，安徽经济社会发展应强化政府部门的制度创新，制订合理的经济发展规划，实施合理的产业结构调整，妥善处理根植产业与移植产业之间的逻辑悖论，制定培育、吸引战略新兴产业的优惠政策，强化人才培育与人才引进机制，这都是政府作为守夜人应该坚守的准则。

中国渐进性的改革方式决定了安徽经济建设、区域文化建设不可能一蹴而就。克服安徽文化中原有的消极因素和缺陷，整合区域文化的差异性，强化安徽区域文化的开放性、进取性与创新性，大力推进文化强省战略，突显文化产业对于经济发展的能动作用机制，财政支持动漫、文化创意产业的发展都需要足够长的时间。

（三）大力发展文化创意产业，有效提升安徽区域经济发展绩效

对于安徽而言，我们依然应该坚持文化创意产业发展，以提升文化软实力。结合区域文化特征，安徽可以对“广播影视、动漫、音像、传媒、视觉艺术、表演艺术、工艺与设计、雕塑、环境艺术、广告装潢、服装设计、软件和计算机服务等方面”的创意群体展开必要的政策扶持与激励，以求不断推进安徽的“眼球经济”“注意力经济”乃至“体验经济”的良性发展。当然，我们应该注意一个问题，文化强省战略的实施，不仅要强化文化创意产业内容的提升，而且应该坚持内容（创意）提升与内容（创意）显示方式不断完善地有效交融。

四、中华元素与安徽文化产业建设的具体路径及设想

（一）发挥区域优势，大力发展安徽文化旅游产业

安徽文化旅游资源丰富，产业基础良好，在安徽文化产业中具有显著比较优势，尤其是黄山旅游和徽州文化在国内外享有美誉，优势更为突出。“十二五”期间，要以丰富的生态资源为基础，以深厚的文化底蕴为灵魂，以发达的旅游产业为引擎，把文化旅游产业培育成为安徽文化产业的主导产业。以高水平建设大皖南国际文化旅游区为“龙头”，深度开发、整合徽州文化旅游产业及其关联产业，加强开发建设九华山佛教文化旅游区、齐云山道教文化旅游区。加强开发建设皖西南禅宗文化旅游区、皖北历史文化和中医药文化旅游区、皖西历史文化和红色文化旅游区、皖东历史文化和山水文化旅游区。打造全省文化旅游品牌，为文化资源寻找物质载体和发展空间，策划符合总体形象定位的重点文化旅游项目，策划推出在全国有较大影响、适应游客需求的大型文化旅游演出。加强非物质文化遗产的挖掘，促进非物质文化遗产向旅游休闲产品的转化，提高文化旅游产品的参与性。

（二）重视高校教育，着力引培文化产业人才

人才是文化产业发展最根本、最核心的要素。文化产业发展方面的人才问题，包括市场经营人才、政府管理人才、专业技术人才、市场研究人才等，是制约安徽文化产业发展和竞争力提升的一个突出问题①。目前，安徽文化产业各类人才的总量、结构、素质远远不能适应发展的需要，尤其是文化行业的高层次人才严重不足。从教育对文化产业的扩散力来看，安徽也存在不足之处，如中高级文化产业人才的学习培养基地不够健全。拥有如此丰富而灿烂文化产业资源的安徽，目前尚无一所专门的全日制普通本科艺术类高等院校，显然是不能满足文化产业发展之需的。安徽高校与文化产业发展直接相关专业的设立与建设，与其他省区也存在一定的差距，与文化产业发展现状

---

① 李宜春：《省域文化产业竞争力评价指标体系初探——以安徽省为例》，载《经济社会体制比较（双月刊）》，2006 年第 2 期。

是不相适应的。要突破目前制约安徽文化发展的人才瓶颈，必须通过改善高等教育相关体系，充分发挥高校培养高素质人才的教育优势，采取“培”（培养高素质文化队伍）和“引”（引进人才）的方式和途径提升人才供给能力。

（三）创新产业形态，发展凝聚中华元素的网络文化产业

在全球化时代，具有差异化竞争优势的文化资源，是一个地区、一个民族可持续发展的重要基础①。安徽文化底蕴深厚，三大区域文化以及各种文化典籍、人文历史、民间故事、风土人情，都是网络文化产业可以利用的丰富创作题材和取之不竭的创作源泉。安徽目前要做的主要工作是对民间故事、境内曾发生的重大历史事件、历史名人故事等加以整理挖掘，同时与现代的网络文化技术相结合，努力使其贴近现代人的心理特征和社会的潮流趋势，增强文化内容的时代性和创意性，选取不同视角展示和解读安徽文化，创造出既具有安徽特色体现时代精神品位的、又具有人类共享性的网络文化品牌，不断提升安徽文化的影响力和知名度。因此，在未来十年，安徽文化产业的发展需要以文化产品生产与服务为主体，依托悠久的历史文化、丰富的地方文化，充分借助现代科技与传媒技术，用全球视野，在全人类普适观基础上，发展具有先进技术和自主知识产权，“富有安徽文化精神、承载优秀传统文化、饱含时代特点的网络文化产品”②。

（四）利用中华元素，大力培育安徽文化企业品牌

企业是否拥有品牌，反映了其持续发展力的强弱；地区和国家拥有品牌的多少，标志着其经济扩张力和竞争力的强弱。安徽文化产业要能够走出去，走向世界，首先要打出品牌。安徽有黄梅戏、有徽学、新安医学、新安画派，有传统工艺，这些璀璨的明珠在国内是独一无二的，安徽在培育文化品牌方面，也具有得天独厚的优势，安徽是旅游大省、文物大省，是中国戏曲文化乃至文房四宝的绝对大省。然而当前安徽文化产业的战略发展竞争力较为低下，其主要原因是对这些品牌的包装、市场研究仍然不够。作为一个产品和品牌，最终归结还是依托一种文化，推崇中国产品、品牌和广告应该更加自信，这种自信应该从中华元素出发。安徽亟须增强文化产品和服务的品牌意识，打造具有国际影响力的文化产品和著名品牌企业。此外，需要进一步强

---

① 李炎，王佳：《文化需求与特色文化产业发展》，载《学习与探索》，2012 年第 1 期。

② 安徽网络文化建设研究课题组：《安徽网络文化建设研究》，载《江淮论坛》，2010 年第 1 期。

调的是，文化产业品牌建设除了开发具体的产品品牌之外，还应当更加注重企业品牌、园区（基地）品牌建设，即培育知名文化企业，以企业品牌、园区品牌引领具体产品品牌。建设企业品牌、园区品牌可以形成系列化、多元化的产品品牌，比如美国影视产业的“好莱坞”园区品牌成就了云集于这一园区的众多影视公司和影视产品的市场知名度和竞争力；再如游乐产业的“迪士尼”公司品牌不仅带动了大批系列化关联产品的知名度，而且成为文化产业跨国输出的无形资本先行载体。为此建议：以省内具有一定基础的文化产业大企业为依托，着力培育时代传媒、安徽卫视、芜湖方特动漫、黄山文化旅游等文化企业品牌；以建设安徽文化产业中心城市和重点园区（基地）为载体，着重开发城市文化、特色园区（基地）品牌。通过产品、企业、园区乃至中心城市品牌的全方面、多层次开发，带动安徽文化产业不断增强市场知名度和竞争力。

第四章　社会主义文化产业建设必须关注的几个问题

党的十八不仅提出“全面建成小康社会，实现中华民族伟大复兴，必须推动社会主义文化大发展大繁荣，兴起社会主义文化建设的新高潮，提高国家文化软实力，发挥文化引领风尚、教育人民、服务社会、推动发展的作用”，而且要求“建设优秀传统文化传承体系，弘扬中华传统文化”。为此，社会主义文化产业建设和发展，必须关注五个方面的问题，并以高度的文化自觉和文化自信，向着建设社会主义文化强国的宏伟目标阔步前进。

第一节　厘清中华元素的“雅”“俗”文化界限

文化产业化是社会主义文化大繁荣、大发展的必经之路。然而文化一旦成为“产业”，立刻面对如何实现雅俗共赏的问题。在当代，真正盈利的产业都是大众化的产业，但从“人文化成”的角度说，“文化”本身必须有一定的高度，承担起移风易俗的使命。这里就有一个普及与提高两者之间的关系问题。无论是新民主主义革命时期，还是新中国成立以后、改革开放以来，就普及与提高的关系问题，中国共产党都适时地提出了正确的指导原则。我们必须落实这些原则，借鉴西方马克思主义对资本主义的“大众文化”和“文化工业”的批判，顺利推进文化产业化，为把我国建设成为社会主义文化强国而奋斗。

一、从普及与提高的关系看俗与雅的关系

在新民主主义革命时期，我党已经解决了普及与提高的关系问题。《在延

安文艺座谈会上的讲话》把革命战线分为“文化战线”和“军事战线”，明确提出“使文艺很好地成为整个革命机器的一个组成部分”①，文艺要为工农兵服务。服务对象的特点决定了，在普及与提高的关系上，必须立足普及，在普及的基础上提高；“所谓普及，是向工农兵普及，所谓提高，也就是从工农兵提高”②。

社会主义建设时期不同于民主革命时期。文化建设应当服从社会主义建设的整体需要，不能再单纯从“革命”的立场出发看待文化工作。但《在延安文艺座谈会上的讲话》中提出的若干原则，尤其是关于普及与提高的关系，对新时期的文化大繁荣、大发展，特别是对文化产业化仍然具有重要的指导意义。新中国成立以后提出的“双百”方针，即百花齐放、百家争鸣的方针，改革开放新时期以来提出的“二为”方向，即文艺为人民服务、为社会主义服务，十六大以来提出的“三贴近”即文艺贴近实际、贴近生活、贴近群众，都对普及与提高的关系问题作了新的阐发，是文化产业化不可违背的指导原则。

按照这些原则，社会主义文化建设不能脱离群众一味地鼓吹“雅”，反对“俗”。文艺必须通俗，才有可能普及。但通俗不等于庸俗、低俗、媚俗。划清通俗与“三俗”的界限，有助于正确理解普及与提高两者之间的关系，促进文化产业化的健康发展。

首先，从普及与提高的关系来看，俗是雅的基础，雅是俗的提高，那种脱离俗而凭空产生的雅是没有生命力的。“俗”本是个中性词，它指的是长期形成的礼节和习惯，后来用以指一般人、百姓，以与出家人或上层人士区分开；再后来被引申为平凡、一般、普通；最后才成为贬义词，出现了“粗俗”“鄙俗”“庸俗”“低俗”等说法。“雅”本来是乌鸦中的一种稀有品种，引申为正确、合乎规范，以后又被赋予高尚、美好等含义。因此，俗本来就是百姓的、普通的、大众的，而雅本来则是上层的、不凡的、稀少的。俗而往下，雅而向上，才有了后来俗和雅的对立。在当代文化建设中，只有从《在延安文艺座谈会上的讲话》中论述的普及与提高的关系出发，才能处理好俗和雅的关系。否则，就会导致少数文化精英与多数群众的对立。

---

① 《毛泽东选集》第3卷，北京：人民出版社，1991年版，第848页。
② 《毛泽东选集》第3卷，北京：人民出版社，1991年版，第859页。

其次，俗与雅是相互转化的。许多俗文化现象经过加工，变成了后来的雅文化现象，比如《诗经》分风、雅、颂，有俗有雅，现代人眼里都变成“雅”的了。屈原所创的楚辞源自当时属于鄙野之地的楚国民歌，现在也不会有人认为其“俗”。这样的例子不胜枚举。宋词、元曲、明清小说曾经被认为不登大雅之堂，现在则成了名著、名剧，都被当作雅文化。这说明俗可以提高为雅。反过来也是一样。许多名著搬上了舞台，许多正史进入了电视剧，受到大众的欢迎，这都是雅转化为俗的例子。这里就有一个从普及到提高、再从提高到普及的过程，反映了文化发展的内在规律。

再次，在普及和提高的关系上，俗和雅既是统一的，也是对立的：从二者的统一关系来看，雅文化的普及可以提高俗文化的层次，俗文化的提高可以丰富雅文化的内容；从二者的对立关系来看，既要防止俗向下堕落，导致“三俗”，也要防止雅向上拔高，导致脱离群众。人类是一种文化动物，不仅过着一种本能性的自然生活，而且过着一种文化性的社会生活。俗与雅的统一体现了文化发展的螺旋式上升过程。

只有立足于群众立场而不是精英立场，正确处理俗文化与雅文化的关系，才能理解文化产业化的可能性。不能把“文化”当成少数社会精英的专利，而应当把它视为全体人民的事业。在社会主义初级阶段，尤其必须以满足广大人民群众的文化需求作为文化建设的目的。

对于社会主义初级阶段的主要矛盾，公认的说法是“人民群众日益增长的物质文化需要同落后的社会生产之间的矛盾”。自从中国进入全面建成小康社会的发展阶段以来，短缺经济已经成为历史，过剩经济已经出现。在分配公平问题解决以后，中国的主要矛盾将不再是物质需要同物质生产的冲突，“人民群众日益增长的文化需要”同“落后的文化生产”之间的矛盾则凸显出来。文化的产业化正是要解决这一矛盾，普及与提高的关系由此有了一个新的语境。

二、文化产业化过程中如何做到雅俗共赏

要实现社会主义文化大繁荣、大发展的目标，产业化是必经之路。但是文化的产业化对我们提出了新的挑战。只有立足于社会主义市场经济的实际来应对这些挑战，才能避免文化产业化过程中出现的一些偏向，特别是“三俗”等问题。

按照传统理解，文化本来属于上层建筑领域，因此具有相对的独立性。一旦把文化产业化，它就开始服从物质生产的规律。在商品经济和市场经济条件下，文化产业化意味着文化产品进入市场，由市场定价，从而使它服从价值规律，在资本主宰条件下，还要服从剩余价值规律。表面上看，这与“社会主义”的属性似乎是相悖的。其中最严重的问题就是所谓“大众文化”和“文化工业”的问题。这是雅文化和俗文化关系在新形势下的表现形态。

对文化的产业化所导致的大众文化、文化工业，西方马克思主义旗帜鲜明地进行了批判。其中，法兰克福学派的观点最具有代表性。

本雅明第一个注意到，文化的产业化产生了严重的后果：它使艺术作品失去批判功能，成为资本的工具。在《作为生产者的作家》中，本雅明把马克思主义经济理论中关于生产的概念运用到文学艺术领域，提出文学艺术创造是一个生产的过程。他认为，在精神生产的过程中，像在一般的生产过程中一样，技术是一个决定性的因素。由于技术掌握在资本手里，因此文化产业化的结果必然迫使艺术为资本服务。本雅明以提问的形式得出了自己的结论：“知识分子能够促进精神的生产工具的社会化吗？他有办法使脑力劳动者在生产过程中自行组织破灭吗？他提得出建议来改变小说、戏剧、诗歌的作用吗？他越能够完美地以这个任务作为行动目标，他的倾向就越正确，他的作品的技术质量必然就越高。”① 本雅明提出的问题是发人深省的。为了避免资本控制文化产业，有必要建立国有资本控股的文化产业集团，打造“文化航母”。由此不仅可以贯彻社会主义文化原则的贯彻，而且有助于同国外文化巨型企业的竞争。这是保证文化产业化能坚持“二为”方向的根本。

即使在存在社会主义属性的巨型文化航母的情况下，文化产业化仍须防止产业本身的利润至上要求所带来的“三俗”倾向。

霍克海默和阿道尔诺认为：“电影、广播和杂志制造了一个系统。”② 它们已经不再需要装扮成艺术，而是直截了当地“把自己称做是工业”。因此，它们完全按照工业生产的标准来设计自身。文化被物化了。各个利益群体总喜欢从技术的角度来解释文化工业，却没有人提出技术用来获得支配社会的

---

① 本雅明：《作为生产者的作家》，载《普鲁斯特论》，北京：社会科学文献出版社，1999年版，第166页。

② ［德］霍克海默，阿道尔诺：《启蒙辩证法——哲学断片》，渠敬东、曹卫东译，上海：上海人民出版社，2003年版，第134页。

权力的基础，正是那些支配社会的最强大的经济权力，即资本。技术合理性已经变成了能够支配一切的合理性本身，具有了社会异化于自身的强制本性。不仅文化产品的生产需要进行成本核算，而且它的消费也成了一种物化的行为。一个人只要有了闲暇时间，就不得不接受文化制造商提供给他的产品。在资本主义社会，人们的精神世界完全受到资本的控制，从而消除了对资本主义进行批判的潜力。想一想资本主义社会的文化工业巨头对电视、电影、广播、杂志、报纸和互联网的控制，我们就会发现，霍克海默和阿道尔诺的担心决非多余。

在我国，国有资本介入、建立文化航母以后，生产方面仍然需要进行成本核算，消费方面仍然必须满足群众的需求。由此，雅俗共赏不再是一种政治要求，而成了资本追求利润的内在要求。于是，普及与提高的关系以另一种形式显露出来。

在短缺经济时期，文化需求主要来自社会上层。追求艺术不仅是一种“高雅”的事情，而且由于文化产品价格高昂，对高雅艺术的消费成为社会上层的身份象征。底层民众为温饱问题而奔波劳碌，无心也无暇去追求文化需求的满足。但随着过剩经济时代的到来，随着发达资本国家为刺激内需纷纷实行社会福利政策，人民群众的物质需要逐步得到满足，物质生产本身也随着福特制的实行到达它的顶点。这时候，文化产业就成为新的经济增长点，而群众对文化产品的需求则成为拉动经济增长的动力。

文化产业对价值的追求必然导致文化产品的大众化。大众文化由文化工业制造出来。从技术上说，现代工业的标准化和规模经济原则渗透到文化中，使大众文化具有了千人一面的特征；从内容上说，思想深刻的作品难以取悦大众，适合大众口味的必然是通俗的作品。“娱乐至死”成为新时代的流行口号。

在这种情况下，对文化产业化过程必须加以引导而不能放任自流。按照马斯洛的需要层次理论，人们的精神需求同样是有层次的。安全需要满足之后，尊重和爱的需要会产生出来；尊重和爱的需要满足之后，自我实现的需要会产生出来。这时候，文化作品的生产就应当由普及转向提高。要抓住通俗作品的重复导致“审美疲劳”或“审丑疲劳”的契机，通过政策扶持、舆论诱导等措施，适时推出新的文化产品，把大众的审美水平提高到一个新的层次。

甚至在资本主义条件下，凶杀、色情、暴力之类的作品，也只是在开始能刺激人们的感官。随着时间的流逝，这类作品同样被人们判定为庸俗、低俗、媚俗，因而遭到抛弃。那些鼓吹人间真情的作品（如《泰坦尼克号》等等），会逐步取代原来的“三俗”作品，赢得票房。在社会主义市场经济条件下，只要能牢牢地抓住精神生产的话语权，文化产业化是可以处理好雅与俗、普及与提高的关系的。

三、确定文化层次，制订发展规划

在新民主主义时期和社会主义建设时期，中国共产党审时度势，曾先后提出相应的文化纲领。根据以上对雅文化和俗文化关系、文化的普及和提高关系的看法，建议在文化产业发展战略的基础上，借鉴国外文化产业化的经验和教训，尽快制订社会主义文化产业的发展规划。文化发展战略可以由中长期的发展目标、发展步骤、发展条件等内容构成，文化发展规划可由短期的发展指标、发展措施、考核指标等构成。

无论是从发展战略看，还是从发展规划看，都应当有一个从普及到提高的过程。这就需要根据文化方向划分文化层次，确定发展顺序。

文化方向有前后之分。中国文化发展的“二为”方向决定了它必须是向前即朝社会主义方向发展，围绕社会主义核心价值观展开，为共产主义文化准备前提条件。必须坚决抵制一切过时的、腐朽反动的文化影响。

文化层次有高下之分。在我们看来，文化至少可以分为四个层次，即：信仰层次、人文层次、社会层次、习俗层次。信仰层次的文化立足于天人合一，人文层次的文化立足于自我认识，社会层次的文化立足于善恶之分，习俗层次的文化立足于寓教于乐。

按照马克思的看法，以私有制为基础的信仰必然导致宗教。因为私有制把人与人分隔开来，孤立起来，从而使人感到，人类无法掌握自己的命运，只能由一个万能的神来保佑自己；相反，以共产主义为基础的信仰必然导致无神论，因为共产主义使人们认识到，自己的命运并不是由神决定的，而是由私有制所带来的异化的社会力量所决定的，共产主义使这种社会力量重新掌握在联合起来的人类手中，使自己成为命运的主人，人类不需要神就能获得现世的幸福。

如果说信仰层次的文化追求的是天人合一，那么人文层次的文化则要弄清“人是什么”或者“我是谁”。因此，它属于人类的自我意识层面，也就是通常所说的“人生观”。按照马克思的看法，在原始共产主义社会中，人们把人理解为“集体人”，个人按照自己在特定集体（通常是家庭或扩大了的家庭）中的身份、地位取得自己的个性规定，因此，集体是本原的，个人是派生的。在私有制条件下，由于人们被私有财产分隔开来、对立起来，因此个人被当作本原的，集体被当作派生的，自私自利被视为人的“本性”。共产主义社会是对私有制的最高形式——资本主义私有制的扬弃，它必将永远消除个人与集体、个人与人类的对立，从此以后，发展个人也就是发展集体，发展集体也就是发展个人。显然，人们的自我认识不能超越特定的历史时代。

社会层次的文化让人们接受某一种特定的社会秩序。比如封建社会让人们把忠孝节义、仁爱和平的等级文化视为当然，资本主义把自由、平等、博爱等以平等交换为基础的文化视为当然，共产主义则把建立在每个人的全面发展和自由发展基础上的自由个性视为当然。这种特定的社会秩序同信仰层面的秩序和自我层面的秩序不同，通常是由社会所保障的一套规则系统构成的。其中法律体系是其典型形态。

习俗层面的文化则是在个人的生活空间中所形成的特定的风俗习惯、制度形态等等。包括得到单位认可的个人的工作习俗、得到家庭接受的个人的生活习俗、得到朋友赞同的个人的交往习俗，等等。显然，以上文化层次是从高到低排列的。其中习俗文化在所有文化中处于文化的表面或最低层次，因而最容易变动。

我们认为，文化产业的发展顺序应当按照其内在层次，由低到高，由俗到雅，由易到难，通过文化产业的发展，逐步形成社会主义文化体系。

首先，习俗层面的文化是最具地方特色和个性的，由于它以寓教于乐为特征，因此必然带上较多的娱乐色彩，成为一种娱乐文化。所谓防止和反对三俗，主要是基于这个层面而言。但即使是对三俗文化，也是“堵不如疏”。关键在于掌握审美疲劳的原理，一方面使人们自发地对三俗文化产生重复娱乐之后的厌恶心理，另一方面自发地形成对高雅文化的向往和热爱，最终把人们的注意力导向更高层面：社会层面。

其次，社会层面的文化建设要与社会建设相结合，既不能降低要求，也不能唱高调，搞假大空。无论是忠孝节义、仁爱和平，还是自由、平等、博爱，或者每个人的全面发展和自由发展基础上的自由个性，都不是一种自然秩序，所体现的不是自然界的因果关系，而是一种社会秩序，体现的是社会因果关系。自然界没有善恶，而社会层面的文化的突出特点是善恶之分。人们都期望“善有善报，恶有恶报”，但自然界不存在这样的因果报应，人类社会中的因果报应实际上是通过一整套的法律、道德体系建构出来的。因此，完善与社会主义初级阶段相适应的道德、法律体系是建设社会层面的文化的前提条件，而因果报应的心理期待机制一旦形成，反过来又有助于促进和加快社会主义民主、法制建设。

再次，人文层面的文化要求人们了解人类历史，以便从中确定自己的时空方位。人与动物的区别在于动物只过一种本能的生活，因而只受到自然规律的束缚，而人却同时生活在社会中，必须在遵循社会规范的前提下进行自我塑造，追求自我实现。司马迁曾经谈到“究天人之际，通古今之变，成一家之言”。历史正是让人获得现实的自我意识的最佳途径。因此，实现历史文化的产业化，也就成为建设人文层面文化的重要途径。

最后，信仰层面的文化为人们提供终极价值层面的精神家园，而这一方面恰恰是当前文化建设的薄弱环节和文化产业化的最大困难所在。长期以来，人们一直把无神论误解为“无信仰论”，从而根本背离了马克思主义的基本原理。宗教属于信仰，无神论同样属于信仰；不仅如此，无神论还是一种理性信仰、科学信仰。按照马克思的看法，宗教是通过肯定神来肯定人，因此“宗教是还没有获得自身或已经再度丧失自身的人的自我意识和自我感觉”①；而“无神论是对神的否定，并且正是通过这种否定而设定人的存在”，因此无神论无非是对宗教的扬弃。宗教以私有制为基础，无神论则以共产主义为基础。由于马克思把共产主义视为私有制的否定之否定，因此，在他看来，“共产主义是最近将来的必然的形态和有效的原则，但是，这样的共产主义并不是人类发展的目标，并不是人类社会的形态”；人类发展的目标不是市民社会，而是人类社会。马克思把人类社会的意识称为“社会主义”，他明确指出：“社会主义是人的不再以宗教的扬弃为中介的积极的自我意识，正像现实生活是人的不再以私有财产的扬弃即共产主义为中介的积极的现实一样。”②对共产主义和无神论的信仰，对“人类社会”和“社会主义”的信仰，应当

① 《马克思恩格斯文集》第1卷，北京：人民出版社，2009年版，第3页。
② 《马克思恩格斯文集》第1卷，北京：人民出版社，2009年版，第197页。

成为文化产业化研究的重中之重。没有它，整个文化产业的社会主义方向就无法确保。

从文化的四个层面看，习俗文化的产业化最容易在短期见效；社会层面的文化产业化需要社会建设与之配套；人文层面的文化产业化是一个系统工程，需要集中历史学家、哲学家、艺术家的集体智慧；信仰层面的文化产业化则需要在党的集中统一领导下，倾全社会之力才能完成。

第二节　注重文化元素的开发，积极发展农村文化产业

农村乡镇是传统文化资源的集中区域，农村文化产业是文化产业的重要组成部分，是建设美好中国、美好乡村的重要支撑。农村文化产业，顾名思义是与城市文化产业相对，以农村为“舞台背景”、农村文化资源为发展基础的，从事文化产品生产或提供文化服务的文化经营性行业，既有一般文化产业所具有的普遍特性，又具有区域文化的独特性。

共同富裕是社会主义的根本目标。“社会主义最大的优越性就是共同富裕，这是体现社会主义本质的一个东西”①。1992 年，邓小平同志在南方谈话中对社会主义本质作了总结性理论概括：“社会主义的本质，是解放生产力，发展生产力，消灭剥削，消除两极分化，最终达到共同富裕。”② 胡锦涛强调指出：“走共同富裕道路，促进人的全面发展，做到发展为了人民、发展依靠人民、发展成果由人民共享。”③ 中国是发展中国家，人民生活虽然有了很大提高，但发展不平衡，广大农村地区相对来说还比较贫穷，走共同富裕之路既是广大人民群众的强烈愿望，也是中国共产党贯彻全心全意为人民服务根本宗旨的具体体现。当然，共同富裕不可能通过平均发展或平衡发展来实现，也不可能通过单纯救济来实现，而是要采取积极的政策措施，其中很重要的一点是要加强区域协调，认清各地区的基本情况，了解其资源特色和优势，

① 《邓小平文选》第 3 卷，北京：人民出版社，1993 年版，第 364 页。

② 《邓小平文选》第 3 卷，北京：人民出版社，1993 年版，第 373 页。

③ 《中国共产党第十七次全国代表大会文件汇编》，北京：人民出版社，2007 年版，第 15 页。

看准市场在哪里，在此基础上认真分析，做好规划，找准发展文化产业的道路和方向，发展各自特色文化产业，从而实现文化产业在各区域间的均衡发展。从我国现实国情和发展的实践可以看出，目前我国经济发展不平衡，已经形成了东部、中部以及西部和农村地区三大板块。尽管我国中西部还处于相对不发达状态，但是资源丰富，而且东部已经形成了强大的经济辐射力。在国际化环境发展的巨大“落差”中，我们已经具有了发展的“阶梯”①。西部许多经济欠发达省区，充分利用自身的文化资源优势，积极打造“文化品牌”，把文化建设作为当地经济社会发展的突破口，特别是云南、广西、贵州等省区极力实施“七彩云南”“文化广西”“多彩贵州”的文化发展战略，为经济欠发达的农村地区发展文化产业提供了可资借鉴的宝贵经验。

一、文化贫困和贫困文化是制约农村经济文化发展的主要障碍

文化有广义和狭义之分。对文化的不同理解，决定了对文化贫困的界定。从狭义的角度讲，文化贫困是指“某一群体、家庭或个人在知识水平、教育程度、科学技术修养、思想道德素质、价值观念、主体性、心理素质、思维方式、行为趋势上落后于当代经济社会发展，从而影响到自身生存与发展的落后状态”。从广义的角度讲，文化贫困是指“一些国家或地区文化滞后于时代发展，并影响到其生存与发展的落后状态。它既包括教育、科学技术的落后，又包括价值观念、体制、发展战略、知识创新的落后等等”②。贫困文化是“指特定社会群体或个人在思想道德、文化知识与能力、价值观念、价值取向等方面的匮乏或滞后，以致影响物质生活资料的获取和精神生活需求满足的生存状态。它是一种社会贫困现象”③。贫困文化论者认为，贫困虽然在很大程度上表现为物质的匮乏，是经济方面的，但它同时也是一种自我维系的文化体系，由于长期处于生活贫困状态，加上掌握的资源非常少，残酷的现实使穷人只好安于现状，于是他们只好“等、靠、要”，“贫困文化”就这样形成了。

作为发展中国家的中国，欠发达地区的重点主要在农村，农村贫困问题

---

① 张晓明：《认识文化产业发展不平衡规律　科学制定文化产业发展战略》，载《理论与当代》，2006 第 1 期。

② 郭晓君：《文化贫困：内涵与界定》，载《人民日报》，2004 年 3 月 16 日。

③ 鲁建彪：《关于民族贫困地区扶贫路径选择的理性思考》，载《经济问题探索》，2011 年第 5 期。

是关系到构建和谐社会和全面建设小康社会的关键。当前，文化因素已成为贫困农村发展的“瓶颈”，文化贫困与贫困文化是实现反贫困战略的主要障碍。在文化生产力迅速崛起的今天，面对着农村贫困文化和文化贫困的状况，文化扶贫显得十分必要与紧迫。

中国扶贫开发协会会长胡富国认为，当代中国农村贫困的主要原因，已经由地缘因素、交通因素逐渐上移至信息、教育、资本、文化等深层次方面，对农村的扶贫工作已经不仅仅限于物质上的支持，而是更需要为农村提供信息、教育、文化上的支持。要从根本上改变贫困，必须借助外部效应，引入外生变量。在我们的扶贫中，作为外推力的物质扶贫可以解决的是阶段和局部贫困，而打破贫困文化的思维定式才是脱贫的内生动力的源泉，所以文化力是转化贫困的内部动力。上海财经大学教授张雄认为，“文化是精神生产力，是引领社会发展、历史变革的灵魂和内在动力。”① 应该把先进文化作为一个外生变量，由外界植入，在发展的过程中再逐步内生化，促使外延式扶贫与内涵式扶贫产生互动，推动农村贫困地区经济的发展。

二、发展农村文化产业的理论基础和现实意义

（一）文化和经济发展的不平衡规律为发展农村文化产业奠定了理论基础

马克思揭示的经济和文化发展的不平衡规律对于我们理解文化经济发展问题的特殊性和复杂性有至关重要的意义。1857 年，马克思在《〈政治经济学批判〉导言》中第一次提出了文化发展和经济发展之间的不平衡规律。他认为：在一定的经济规律支配下，文化和经济在发展中既有平衡，也有不平衡的时候；既有成比例，也有不成比例的时候；既在同一社会水平线的对称点上相应，又在历史长河中呈螺旋形的曲线交叉向前推进。由此我们分析得出，在物质经济基础比较薄弱但特色文化资源和自然资源丰富的广大农村地区，文化产业完全可以率先发展。发展传统手工艺生产、乡村旅游、休闲娱乐、园林艺术等文化产业，又与解决“三农”问题、推进美好乡村建设等政策之间存在一致性和内在的联系。“建设社会主义新农村伟大战略的实施，给农村文化产业发展带来了重大的机遇。除了满足城市居民的文化消费品需求

① 张雄：《创新：在历史与未来之间——当代中国马克思主义理论与实践的哲学解读》，北京：商务印书馆，2010 年版，第 201 页。

以外，无论从新农村需要新农民的角度，还是从新农村必须是物质文明与精神文明并进的要求看，农村文化产业都是较为合适的载体。”“在建设社会主义新农村的号角吹响之际，发展农村文化产业恰逢其时。”①

（二）发展农村文化产业可以促进农村生产发展

大力推动农村文化产业发展是促进、繁荣农村经济的新路径。相对于城市文化的现代性、时髦性与千篇一律的单调性等特征而言，农村文化具有传统性、质朴性与类型丰富的多样性等特点。农村文化产品所具有的传统、原始、质朴的乡村风格，对于现代都市生活又是另一种调剂与补充。因此，就乡村文化资源而言，它的丰富性、多样性、独特性足以满足文化产业发展的需要。发展农村文化产业，可以将大量的农村文化资源转变为经济资本；同时，可以推动农村产业结构调整，将大量农村剩余劳动力转到文化旅游、民间工艺加工、民俗演出等行业，以提高农民的收入水平，改善农民的生活。

（三）发展农村文化产业可以实现“文化共富”

新农村建设中的“生活宽裕”，不仅仅是指物质生活条件的改善和温饱问题的解决，同时也包括在生活富裕的同时，满足农民的文化需求，达到“文化共富”。文化共富是指通过社会制度，以缩小阶层、族群或地区间文化差距，并通过各种方式提高民众的文化能力，提升民众的艺术生活内涵及文化素养，达到全体民众平等享有文化权益的发展状态②。因此，只有当农民拥有丰富的精神文化生活的时候，才能说农村真正、全面地达到了生活宽裕。在新农村建设中，发展文化产业，可以为“文化共富”的实现提供必要内容，也将为民众提供更多的文化选择。从经济社会发展的终极目的上看，“人的福祉才是根本，而文化服务正是百姓幸福感不可或缺的组成因子之一”③。发展农村文化产业，是从文化层面满足人民生计的有效途径。“十二五”期间，推动我国的文化发展，除了要创新公共文化服务方式，使之进入城乡居民日常生活消费，直接惠及民生之外，还要完善社会保障体系建设，此外也要加大转移支付力度，实行文化消费直补，弥合城乡差距和地区差距。

---

① 刘晓辰：《发展农村文化产业恰逢其时》，载《经济日报》，2006 年 6 月 22 日。

② 王亚川：《论中国发达城市的发略调整——从“经济共富”到“文化共富”》，载《现代城市研究》，2007 年第 5 期。

③ 杨浩鹏：《用文化产业提高文化民生的幸福指数》，载《中国文化报》，2011 年 3 月 9 日。

三、发展农村文化产业的现实对策与路径选择

作为一种新型的经济形式——农村文化产业，其包括农村生态旅游、影视拍摄基地、动漫创作基地、手工艺品加工生产、休闲娱乐服务、民俗活动展示、民间游艺展演等等。发展农村文化产业不仅是一个单纯的文化行为，而且还是一种经济行为，是实现共同富裕的必然要求和应然选择。“社会主义最大的优越性就是共同富裕，这是体现社会主义本质的一个东西”①。我们要积极挖掘农村中华元素，大力发展农村文化产业，努力实现共同富裕的目标。

（一）加强政府在农村文化产品创作生产中的引导

农村文化产业的发展应走政府积极扶持与引导的道路。政府在推动农村文化建设过程中，除了在资金、土地、房屋建筑使用等方面提供优惠政策外，还要始终重视加强对文化产品创作生产的主导作用。文化产品不同于一般产品，具有精神文化属性和一般物质商品属性的双重属性。文化属性又主要分为民族文化特性和意识形态性②。不同的民族由于不同的文化传统和社会经济发展水平，在文化价值观、审美取向、心理定式、娱乐需求等方面形成了自己的特点。胡锦涛指出：“真正从群众需要出发，继承和发扬中华文化优良传统，吸收借鉴世界有益文化成果，推出更多深受群众喜爱、思想性艺术性观赏性相统一的精品力作。要引导广大文化工作者和文化单位自觉践行社会主义核心价值体系，坚持社会主义先进文化的前进方向，坚决抵制庸俗、低俗、媚俗之风。”③ 为此，要遵循社会主义核心价值体系的要求，努力创作出经得起历史和人民检验的优秀精神文化产品，始终坚持贴近实际、贴近生活、贴近群众的“三贴近”原则。

（二）努力打造农村文化产品品牌

党的十八大报告提出，要将文化产业培育成国民经济支柱性产业，这体现出了文化产业颇具发展前景与潜力。在这种良好的政策环境下，近年来，涌现出了一批颇具影响力的文化品牌，例如舞剧《千手观音》与《风中少林》等，受到国内外观众的一致好评，在传播中国传统文化的同时，带来了

---

① 《邓小平文选》第3卷，北京：人民出版社，1993年版，第364页。

② 祁述裕：《中国文化产业发展战略研究》，北京：社会科学文献出版社，2008年版，第297页。

③ 胡锦涛：《顺应时代要求深化文化体制改革，推动社会主义文化大发展大繁荣》，载《人民日报》，2010年7月23日。

巨大的经济效益。为此，农村文化产业的发展也应着力发掘传统文化中的中华元素，重点打造家喻户晓的、具有国际知名度的民族文化品牌。

文化资源既是长期历史发展的积淀，也是推陈出新、与时俱进的时代产物，与物质资源相比而言，具有不可交换性与可高价执行性等优势。由于我国农村各地区具有明显的差异性，因此，农村文化产业的发展应结合各地的实际情况，综合考虑自然地理条件、经济发展水平与模式、文化特性、生活方式等多方面因素，发掘本地区稀缺性、独占性文化资源，根据市场消费需求打造独具特色的文化品牌。例如，云南省利用自身独特的自然风景与区域民族文化，打造了诸如“丽江金沙”“云南印象”等著名的旅游文化品牌。云南的旅游文化产业取得了巨大成功，旅游业已经成为其支柱性产业，也被称为“云南现象”。

（三）提高对农村的资源倾斜和资金投入

农村文化产业的发展依托丰富多样的地方文化、传统民族文化资源，以个人、家庭、村落为单元进行发展，在发展过程中，走的不是企业化、集团化和产业聚居区的发展模式。由于个人、文化户、村落经济基础相对薄弱，农村文化产业发展的资金投入严重不足，因而农村文化产品的研发经费短缺，产品批量生产不足，品牌营销不到位，市场培育程度不高，成为制约农村文化产业发展的瓶颈。针对农村文化产业发展资金投入不足的现状，各级政府应筹集必要的经费，设立农村文化产业扶持专项资金，组织相应的评选，以前期资助、奖励等方式对具有发展前景的项目给予扶持；应选择农村文化产业发展基础好的特色乡镇进行试点，鼓励银行、信用社等金融机构关注、扶持民间文化人、文化个体户和特色文化乡镇，通过小额贷款等方式，加大对农村文化产业的资金扶持力度；针对近年来企业开始关注农村文化产业的发展，从企业同乡镇和特色文化项目合作的成功经验来看，应加强对具有产业开发前景的乡村的保护和推介，在确保农民利益的前提下，协助特色乡镇和具有实力的企业进行联合，发展农村文化资源和企业资金的优势，发展农村文化产业；应发挥国内外各种非营利组织和基金的作用，为农村文化产业的发展创造良好的融资环境。

（四）大力培育农村文化产业人才

社会经济发展的关键在于人才，人才是众多生产要素中最具生命力、创造力、生产力的要素。社会主义新农村的经济建设、政治建设、文化建设、社会建设和党的建设，是一项长期而又艰巨的历史任务，这项任务的核心与关键在于培育新型农民，让新型农民成为新农村五项建设的主体。作为新农村五项建设的重要组成部分的农村文化产业，更加依赖新型农民。而培育农村文化产业需要的新型农民是一项长期的、系统的复杂工程，面临着诸多困难，需要从不同方面入手解决。第一，将文化扶贫摆到农村工作中更加突出的位置上来，缩小城乡之间、区域之间文化水平的差异。消除农村中过时的、陈腐的、不适合时代要求的思想观念，积极弘扬社会主义核心价值观，宣传新民风新民俗，新家规新家风。第二，大力提高农村地区的教育水平，加大教育经费投入，改善农村地区基础教育设施落后、师资力量缺乏的现状，为农村文化产业的发展培育后备军与接班人。第三，尊重并鼓励农民的文化首创精神。完善相关机制，支持基层文化机构，结合本地区的实际情况，通过产业孵化基地、产业培训班的形式，提高农民的业务素质与管理能力，鼓励农民积极创业。

第三节　确立彰显社会主义优越性的文化产业主体布局

所谓社会主义制度的优越性，是指社会主义制度在同资本主义制度和其他社会制度的比较、竞争中所发挥的独特优势①。社会主义制度的优越性是相对于资本主义制度存在的各种弊端而言：一是从社会生产力方面看，比资本主义有更高的生产力，这是首要标准，强调的是“效率”问题；二是从生产关系看，由于代表多数人的利益，追求共同富裕，比资本主义有更高的平等，强调的是“公平”；三是从政治文化看，比资本主义的更高的精神文明和政治文明，涉及人的政治素质、思想道德素质和科学文化素质和的提高，强调的是人的全面发展；四是从社会全面发展看，社会主义更能调动广大人民群众的积极性和创造性，能集中力量办大事，始终维护国家的统一、民族的团结和社会稳定，比资本主义具有更强的凝聚力和整合力。

---

① 秦宣：《概括提炼社会主义制度优越性的必要性和基本依据》，载《中国特色社会主义研究》，2012 年第 4 期。

在当今世界，中国的国际影响力之所以与日俱增，其中最根本的原因，是社会主义优越性的充分发挥，使得中国经济的高速发展。国家经济实力的增强，才使我们在国际舞台上有了文化的话语权，使我们的文化能备受国际社会的普遍关注。我国目前被列入联合国非物质文化遗产名录的项目已经达到26个，成为世界上入选名录最多的国家。这些都反映出国际社会对我们文化价值的肯定和认同。就连约瑟夫·奈也不得不承认，中国在经济上的巨大成就是软实力得以提升的重要根源，是中国文化特别是传统文化的吸引力越来越大的根本原因①。

中国发展文化产业应有自己的发展模式。关于“模式”，中国共产党几代领导人都有相关论述。毛泽东提出：“各国应根据自己国家的特点决定方针、政策，把马克思主义同本国特点结合起来。中国的经验，有好的也有不好的，有成功的也有失败的。即使是好的经验，也不一定同别的国家的具体情况相适合。照抄是很危险的，在这个国家是成功的，但在另一个国家如果不同本国的情况相结合而一模一样地照搬就会导向失败。照抄别国的经验是要吃亏的，照抄是一定会上当的。这是一条国际经验。”② 邓小平早在改革开放之初就明确指出：“立足于自己，也要照顾自己的特点，完全照搬别的国家的模式来建设中国是不可能的。”③ 江泽民在会见美国总统克林顿时提出：“各国人民根据各自国情，选择符合本国实际情况的社会制度和发展模式，制定行之有效的法律和政策，是合情合理的，应该受到尊重。”“各国人民最了解本国的具体情况，最有资格找到适合本国的发展道路。”④ 2002年党的十六大第一次正式提到“发展模式”：“我们主张维护世界多样性，提倡国际关系民主化和发展模式多样化”⑤。2003年12月26日，胡锦涛在纪念毛泽东同志诞辰一百一十周年座谈会上提出：“各国的国情不同，实现发展的道路也必然不同，不可能有一个适用于一切国家、一切时代的固定不变的模式。”⑥ 2008年4月12日，胡锦涛在博鳌亚洲论坛特别强调：“世界上没有放之四海而皆准的发

① 杨晴川：《中国提升“软实力”乃明智之举——专访美国著名国际问题学者约瑟夫·奈》，载《参考消息》，2006年8月10日。

② 《毛泽东文集》第7卷，北京：人民出版社，1999年版，第64页。

③ 《邓小平年谱》（1975—1997年）上，北京：中央文献出版社，2004年版，第626页。

④ 《江泽民文选》第一卷，北京：人民出版社，2006年版，第331页。

⑤ 《十六大以来重要文献选编》（上），北京：中央文献出版社，2004年版，第36-37页。

⑥ 《十六大以来重要文献选编》（上），北京：中央文献出版社，2004年版，第647页。

展道路和发展模式，也没有一成不变的发展道路和发展模式，必须适应国内外形势的新变化、顺应人民过上更好生活的新期待，结合自身实际、结合时代条件变化不断探索和完善适合本国情况的发展道路和发展模式，不断增加全社会的生机活力，真正做到与时代发展同步伐、与人民群众共命运。"① 十大八报告虽然没有强调发展模式，但强调了坚持走中国特色社会主义道路，在中国特色社会主义道路上实现中华民族的伟大复兴。中国文化发展模式不仅要考虑如何充分充分利用传统资源，继承并发扬其中的美好元素，而且要以开放的姿态改造传统，为中华元素注入新鲜血液；在实践中，我们要强调国家政策扶持与市场主导相结合、文化事业和文化产业协调发展，走中国特色的社会主义文化发展道路。中国文化产业发展模式是根据中国国情特点做出的战略选择，是科学文化发展观的顶层设计。当前，中国文化产业发展最为迫切的是，通过社会主义制度优越性确立以激活与创新中华元素为主导方向的文化产业主体布局。

一、"以人为本"，满足当下人们对中华元素的渴求

文化产业发展的主体是人，而不是原材料、土地或者机器。顾名思义，文化产业由两个关键词组成：一是"文化"，体现的是"文化产业"的精神、情感等内容方面和实现目标方面；二是"产业"，体现的是"文化产业"内容的运行方式和资源配置方面，具有"手段"的性质。因此文化产业的整个生命运动过程都应以人的精神生活需要满足和实现人的生存文明为目的，它是通过营造人们精神上的安宁感、充实感和幸福感，即通过提升人们的生命质量来创造财富和获取利润的产业②。根据英国对文化产业的定义，认为文化产业起源于个体创意、技巧和才能，其他国家对文化产业的定义也基本上强调人在文化产业中的主体地位，文化产品不仅包括有形的物质产品，也包括无形的服务产品，对于文化产业来说，无论哪种产品形式，都是人类心智的成果。中国发展社会主义文化产业，尤其强调以人为本。马克思谈到社会主义的情况时指出："在社会主义的前提下，人的需要的丰富性，从而某种新的

① 胡锦涛：《坚持改革开放　推进合作共赢——在博鳌亚洲论坛2008年年会开幕式上的演讲》，载《人民日报》，2008年4月13日。

② 黄英，王雅林：《文化产业双重效益的实现机制研究》，载《学术交流》，2009年第5期。

生产方式和某种生产对象具有何等的意义。人的本质力量的新的证明和人的本质的新的充实"[①]。人的需要具有丰富性、层次性和多样性等特征，而其主要体现为文化需要方面，具体表现为人的生活需要丰富的、多层次的、多样的文化内涵。只有这样才能体现"人的本质力量"以及"人的本质的新的充实"。在过去较长时期内，我国仅仅将文化单纯看作"事业"，严重制约与束缚了文化的发展。近十多年来，经过文化体制改革，这种看法有了根本性的转变，强调既要坚持发展文化事业，更需要发展文化产业，二者并重，不可偏废。但是，无论发展文化事业还是文化产业，其出发点与最终落脚点都是人，必须坚持以人为本，这既是落实科学发展观的核心要求，也是建设社会主义和谐社会的本质要求。

坚持以人为本的原则，要求我们不仅需要尊重文化市场中消费者的主体地位，更需要尊重文化建设中人民群众的主体地位。在西方社会中，本雅明等法兰克福学派基于资本主义工业化的复制性，对消费者的主体性和文化产品的创造性的消解，故而对文化工业持批评态度，认为消费者逐渐变为没有灵魂的文化产品的被动接受者。但是，随着现代科技的发展，尤其是网络技术的飞快进步，文化产品单向输出的模式向双向互动的模式转变。通过反馈，消费者主动参与到产品的创意、生产环节，而文化产品的生产者自觉、主动地进行创新，满足消费者的多样性需求。

文化产业是内容产业，有其特殊性。首先表现在其产品的精神性上，是人类的精神构成了产品的基本内核。文化产品与物质产品的区别在于，它具有精神和物质两重属性：它作为物质形态，具有物质属性，如书籍、碟片、音响，通过市场传播，成为商品。但它们只是一定精神文化内容的载体，精神的内容才是文化产品的本质；它是表达思想感情的产品，精神属性构成其本质属性。因此，精神内容的生产，即一般所谓的"内容产业"，始终是文化产业的核心部分和价值源头。文化产品在生产、消费的过程中，其包含的精神因素如思想、知识、精神、情趣等得以传承，并在不知不觉中影响人们的生活习惯、文化心态、知识结构乃至世界观，从而影响人的行为、作用于社会并形成一定的社会文化环境[②]。因此，创作富有中华元素的文化作品，对于

① 陈通：《改革创新，大力发展文化产业》，载《求是》，2001 年第 9 期。

② 欧阳友权：《文化产业通论》，长沙：湖南人民出版社，2006 年版，第 67 页。

当下的人们具有特殊的需求和作用，承载能影响支配人和社会的价值选择的一种功能。在文化产品的“有意识的生产过程”、消费过程中，它本身所包含的精神因素得以传承，并潜移默化地影响人们的生活习惯、文化心态、认知心理乃至世界观。胡锦涛同志指出：“坚持把社会效益放在首位，认真严肃地考虑精神文化产品的社会效果，在这一前提下努力实现社会效益和经济效益的统一。”① 此外，中华元素文化产品的打造，不仅满足了中国人的文化消费的诉求，又兼顾到世界人民对文化消费诉求。关键是要在世界与民族中找到一个较好的嫁接点，才能打造出属于本民族同时又更能为国际社会所认可的中华文化产品。国学大师张岱年说：“无论是‘中体西用’还是‘西体中用’，也无论是国粹主义还是‘全盘西化’，都走不通，只有辩证的综合创造，才是中华民族文化复兴的坦途。”②

二、发挥政府推力，优化文化产业的布局和结构

（一）引导组建大型文化产业集团

培育组建一批有实力的大型文化产业集团，是政府发展壮大文化产业的有效途径。由于受传统事业管理体制的影响，我国的文化企业规模小、效益低，在与国际文化产业集团竞争中处于弱势。产业结构不合理也是我国文化产业发展中的突出问题，此外，“只有尽快建立一批综合性文化产业集团，发挥其在传播手段、技术创新、资金、人才以及市场覆盖能力等方面单媒体经营所不相比的文化传播优势，才能更好地承担起建设和保护民族优秀文化和发展社会主义文化事业的重任”③。大型文化产业的组建，能为中华元素走向世界提供一个可能发展的支柱和平台，向世界各国传播我国的优秀中华文化，从而使我国的文化产业集团能够切实担负起弘扬和发展优秀民族文化的重任。因此，加快国有文化企业公司制改造，推动国有文化资本向市场前景好、综合实力强、社会效益高的领域集中，充分发挥国有文化资本的控制力、影响力和带动力，重点培育和发展一批实力雄厚的国有或国有控股大型文化企业和企业集团，是当代社会主义文化产业发展的必然趋势和选择。其次，组建

① 胡锦涛：《在全国宣传思想工作会议上的讲话》，载《人民日报》，2003 年 12 月 8 日。

② 张岱年，程宜山：《中国文化论争》，北京：中国人民大学出版社，2006 年版，第 326 页。

③ 罗雷：《关于加快培育我国文化产业集团的思考——从美国等西方现代大型传媒集团看我国文化产业的发展》，载《中国出版》，2002 年第 9 期。

一批大型民营文化企业集团，通过重组、兼并、联合等方式，加快在全国范围内建立跨地区、跨部门、跨行业和跨所有制的，一业为主、兼营相关产业的综合性文化产业集团，以大集团带动大产业的发展，也是培育和发展社会主义文化产业的新亮点、新举措。

（二）加大政府投资的扶持力度

政府投资是直接推动文化产业发展和优化产业结构、布局的基本保证。政府可以根据国家的基本制度对符合国家政治原则的文化活动进行支持，并在资金上给予扶持，特别是对于公益性文化、高雅艺术等，只能由政府予以保护性投入和管理。首先，要进一步加强政府在文化产业投资中的地位和作用。要采取普遍支持和重点扶持相结合的方式，积极引导投资方向，调整投资结构，运用市场机制，以资本为纽带，重点培育和发展一批实力较强的大型企业和企业集团。要出台相关的文化投资法规、章程、实施细则以及相关配套的政策和措施，营造良好的投资环境。其次，把握好政府在对文化产业投资方面的定位。政府主要不是“投资”，而是善于“融资”，即建立良好的社会信用系统和服务平台，规范文化投资市场，让富有市场潜力的文化项目与国内外的优质资本“亲密接触”。再次，积极发挥财政资金的引导作用，制定相关的税收政策，鼓励团体和个人对文化事业进行捐赠，鼓励社会人士和工商企业对文化产业进行赞助，还可以通过发行彩票，募集社会资金支持文化产业。

（三）推动文化产业集聚式发展

所谓“产业集聚”，是指在产业的发展过程中，某一特定领域内的处于同一条产业链的众多企业，由于相互之间的共性或互补性而紧密地联系在一起。由于技术、信息、人才、政策等诸多生产要素充分集中、高度分享，进而使得该区域企业能够集聚规模经济效益，发挥群体竞争优势。在我国，文化产业的集聚，形成了一大批各具特色的高新技术产业园区与基地。在此基础上，应继续推动动漫游戏、影视创意、研发、制作基地的建设，进一步发挥其产品研发、创新、实验、推广的平台作用，发挥文化产业园区与基地的辐射与带动作用，推动周边地区以及相关行业的发展。西方国家的文化产业发展之路，基本上经历了通过产业集聚、逐渐实现区域布局最优化、形成规模经济效益的历程。从西方国家的经验来看，向城市汇聚和集中已成为文化产业的必由之路和整体趋势。纽约、伦敦、巴黎、东京、悉尼等世界性大都市以及世界五大城市群，不仅是政治、经济中心，而且还是文化、信息和文化消费中心，是当今世界文化产业最为繁荣和发达的世界大都市和文化带。我国应积极发挥集中力量办大事的优势，集中资源，整合力量在北京、上海等超大城市或长三角、珠三角、环渤海地区建设文化产业带，开发具有重大战略意义和经济效益的文化产业，培育具有国际知名度与竞争力的文化品牌。

三、打造中国特色社会主义的文化产业航母

2014年，中国经济增长率为7.4%，文化产业的增长率是17%。在文化产业如此迅猛的发展进程中，人们在为飙升的产业业绩而欢呼的时候，却不清楚我国文化产业在国际竞争中依然处于弱势地位，中华文化影响力还需要进一步增强。综观发达国家文化产业发展的成功经验，具有雄厚的资本、技术和人才实力的大型文化产业集团，在参与国际文化产业竞争和带动国内文化产业发展方面具有重要的作用。因此，利用资本集聚的力量，打造凸显中华元素、中国价值观的中国文化产业的航母，已成为当代中国文化产业获得新发展的必然趋势。

文化产业作为新的文化业态生成和传播的主导方式，其核心是文化价值的传承和高扬。文化产业的国际竞争，一定意义上是文化价值之争，是文化价值认同之间的博弈。这是因为文化产品的接受与交易通常是以内容为先导的，如果不注重文化产品的内容配置，不仅会影响产品的社会效益，而且最终必然会影响产品的经济效益。中国深厚悠久的文化传统和丰富的文化历史资源使得发展文化产业具有广阔的前景，但随着改革开放的逐步深入，西方一些发达国家在向我国输出文化产品的同时，还对我国文化领域进行渗透，在这种情况下，只有尽快建立一批综合性文化产业集团，打造凸显中华元素和中国价值观的中国文化产业的航母，发挥其在传播手段、技术创新、资金、人才以及市场覆盖能力等方面由单媒体经营所不能相比的文化传播优势，才能更好地承担起建设和保护民族优秀文化和发展社会主义文化产业的重任。中国在确立文化产业发展战略时，不仅要提出经济目标、就业目标、消费目标和出口目标，还要确立文化目标。为此，我们要特别强调文化产品在走出国门、走向世界的时候，必须考虑它所体现的文化精神和传播的文化价值观，利用大型文化产业集团的组建，为我国优秀文化走向世界提供一个可能参加

的支柱和平台，通过这个支柱和平台，我国可以积极地参与国际文化交流，向世界各国传播我国的优秀文化，扩大我国优秀文化在世界上的影响，使我国的优秀文化不断地走向未来，走向世界，从而使我国的文化产业集团能够切实担负起弘扬和发展优秀民族文化的重任。

因此，我国打造社会主义文化产业航母，首先，要加快国有文化企业的公司制改造，组建一批大型国有文化产业集团。《国家“十二五”时期文化改革发展规划纲要》要求：“培育一批核心竞争力强的国有或国有控股大型文化企业或企业集团，在发展产业和繁荣市场方面发挥主导作用。”要实现这一目标，就需要按照现代企业制度的要求，对我国的国有文化企业进行公司制改造，完善法人治理结构；推进产权制度改革，实行投资主体多元化，使国有和国有控股的文化企业真正成为自主经营、自我约束、自我发展的市场主体；推出一批主业突出、核心竞争力强的上市文化公司。只有加快国有文化企业的公司制改造，才能为大型国有文化产业集团的组建提供一定的条件和环境。其次，要组建一批大型民营文化企业集团，培育文化产业发展的新亮点。民办文化作为社会主义文化的一个重要组成部分，已经成为我国文化产业发展的新亮点。我国文化产业在发展过程中要坚持以公有制经济为主体，同时要大力发展多种所有制经济，而民营经济则日益成为推动我国经济发展的重要力量，发达的民营经济已经成为我国某些省市发展文化产业的独特优势。因此，在有条件的省市适时组建和培育一批大型民营文化企业集团，已经成为我国文化产业发展的一大趋势。最后，通过重组、兼并、联合等方式，加快在全国范围内组建跨地区、跨部门、跨行业和跨所有制的，一业为主、兼营相关产业的综合性文化产业集团。随着我国文化产业的逐步发展，国内很多省市如上海、广州、湖南、安徽等已经组建了一批大型文化产业集团，实施了相应的体制改革。因此，下一步我国的文化产业要以机制和体制改革为突破口，提高市场配置资源的程度，适应加入世贸组织的新形势，按照现代企业制度的要求，形成产业化的主体，抓紧时机继续组建一批在全国范围内规模较大的文化产业大型集团，使我国的新闻、出版、广播、电视、电影、演艺、娱乐、展览等产业都有支柱型的大集团，以大集团带动大产业的发展，加大整合优势资源的力度，形成具有各方面包容性的资产组合结构，从而进一步促进跨国文化产业大集团的形成，实现文化传播的对外扩张，参与国际文化交流与竞争，做大做强国际文化贸易。

第四节　打造社会主义文化产品品牌，实施“走出去”战略

西方发达国家文化产业之所以能取得辉煌成就，不仅是因为他们有产业“巨无霸”，而且他们有像美国的迪士尼和时代华纳、日本的索尼、德国的贝塔斯曼等一批称雄世界的品牌。我国文化产业要想在世界文化产业发展中占有一席之地，只有突出自己文化个性，大力培育自己的民族特色品牌，积极推动彰显中华元素的产品“走出去”。

中国丰富悠久的中华元素，像蕴藏在地下的矿藏，如果不经过人工的开采、冶炼，就永远不可能“兑现”它的能量和价值。中华元素特色鲜明，风格独特，这正是中华元素走向世界的立足之本。我国文化发展的实践表明，越是中华民族文化的东西，就越能打开国际市场。“无论是‘中国京剧欧洲行’、昆曲、古琴被联合国列入‘人类非物质文化遗产’名录，还是《卧虎藏龙》获奥斯卡奖项，其所吸引世界目光的地方正在于它的民族文化的独特性和不可取代性”[①]。由此可见，我们完全可以在民族民间艺术、历史文化、文化旅游、广播影视等方面形成自己的优势项目，将优势项目做成名牌、品牌，努力使自己的品牌变成世界品牌。实际上，我国已经拥有了不少世界知名的民族品牌，如北京的全聚德、北京的同仁堂、山东的张裕等一批百年中华老字号。世界文化遗产丽江古城正在形成的标志性品牌“文化旅游”，以其神奇壮丽的自然景观和富于特色的民族文化风情的格局，每年为地方创造1亿多元的产值时，我国的旅游业也在追逐特色品牌了[②]。培育中华民族特色文化品牌，应该成为当代中国发展文化产业所追求的目标。

---

① 胡惠林：《论中国文化产业发展的“走出去”战略》，载《思想战线》，2004 年第 3 期。

② 蒋朝莉：《打造特色文化品牌　弘扬我国先进文化》，载《理论探索》，2003 年第 4 期。

一、品牌及文化品牌

（一）文化品牌的含义

“品牌”是市场的衍生物，是市场经济自觉的一种表征。20 世纪 50 年代美国的大卫·奥格威第一次提出“品牌”这一概念，认为品牌是一种错综复杂的象征，它是品牌的属性、名称、包装、价格、历史、声誉、广告风格的无形组合。所谓文化品牌，是“相关文化、艺术、娱乐、休闲、新闻、传播等行业的品牌，其主要涵盖了文化艺术、新闻出版、广播影视、网络传播、休闲娱乐、文化旅游、会展收藏、体育健身等八个主要领域及其他衍生领域”①。一个新的有影响力的文化品牌的创立，大致有以下两种方式：第一，立足于文化传统，从历史、民族、民间的角度发掘具有特殊象征意义的事物，加以开发，包装，加工。例如，陕西西安在发掘、利用西安盛唐历史文化遗产的基础上，结合现代的声、光、电等技术，建成的“大唐芙蓉园”。第二，着眼于潮流前沿，从时尚、新颖、稀奇的角度，开发满足当代人好奇好异心理的新鲜事物，创立时尚、潮流的文化品牌。例如，深受广大青少年朋友喜爱的“蓝猫卡通”。

（二）文化品牌的特征

文化品牌是文化的“凝结”，也是文化的产业化和文化产业品牌化的结果。因此，文化品牌既有一般产业品牌的特征，更因为文化作为一种特殊元素的介入而具有不同于一般产业品牌的特征。

首先，具有“专有性”特征。文化品牌是用以识别生产或销售者的文化产品或服务的，属于知识产权范畴。因此，文化企业可以通过申请专利、在有关国家或有关部门登记注册等措施保护自己的品牌权益，并以良好的产品质量和在长期经营活动中形成的信誉取得社会的公认。这些都说明，品牌是企业独特劳动的结晶，是专有的，也就是说，文化品牌拥有者经过法律程序的认定，享有文化品牌的专有权，有权禁止其他文化企业或个人仿冒、伪造本品牌。这一点即文化品牌的排他性。其次，具有“两效益”特征。文化品牌，既是文化企业经济效益层面的品牌，也是文化产业社会效益层面的品牌，是讲求“双效益”的品牌。再次，具有“创意性”特征。文化品牌是创意的

① 柏定国：《文化品牌学》，长沙：湖南师范大学出版社，2010 年版，第 53 页。

结晶。创意是当今世界发达国家推动经济文化发展的重要力量。其作为一种文化产业行为，它赋予了在文化产业发展中成长起来的文化品牌多层含义：第一，文化品牌源于创造者的才能和创意；第二，这种创意的实现和发展依赖知识产权的保护、开发和运用；第三，通过市场的大规模运营，具有优秀创意的文化品牌可以创造大量财富；第四，推动文化品牌不断创意提升，具有帮助和增加就业的潜力。

（三）打造文化品牌的现实意义

文化产业除了自身的特殊性外，具备其他一般产业的基本特征。现代经济产业竞争的一个焦点就是品牌。因此，文化产业的发展壮大需要扶持和创新文化品牌，以品牌增强文化产业实力和文化产业的竞争力。因此，打造文化品牌，对社会主义文化产业的建设具有现实的积极意义。首先，打造国家的文化品牌是适应当前文化产业发展的迫切需要。伴随着文化体制改革的深化，以公有制为主体、多种所有制共同发展的文化产业格局初步形成，文化产业规模逐步扩大，总体实力和国际影响力不断增强。但是，我国文化产业发展还处于起步阶段，总量规模较小，市场体系不完善，运用高新技术推动产业发展的能力不强，对外文化贸易逆差仍然较大。要做大做强文化产业，关键就是要科学规划，合理布局，增强产业发展的科学性，减少盲目性，倾力打造一个认知度、美誉度与和谐度均处于高位值的整体的“中国品牌”。只有这样，中国文化产业才有真正的发展空间。其次，打造国家文化品牌是增强文化企业竞争力的核心要素。文化品牌是文化生产者或者经营者在其提供产品或服务上使用的一种区别标志。随着市场经济的逐步建立以及对外开放的不断深入，国内市场与国际市场已融为一体，市场已无国界，竞争将日趋激烈。消费品牌成为人们心向往之的选择，品牌就成为企业产品生命力和竞争力的核心要素。因此，设计、塑造良好的品牌对文化企业来说就显得尤为重要。再次，培育中华民族特色文化品牌要求我们积极实施“走出去”的发展战略。我国对外文化贸易与西方发达国家相比，一个最大的战略性差异就是：我们输出产品，他们输出版权，成本与效益呈现出很大的反差。由此，我们应将全国对外文化资源纳入一个整体，形成中央与地方、官方与民间、国内与国外整体联动的工作网络和战略布局，打造中华文化产品的优秀品牌，发挥国家营销的整体优势，使我国从文化进口大国转变为文化出口大国。

二、打造社会主义特色文化产品品牌的几个路径

社会主义特色文化产品要想在世界市场占有一席之地，就不能离开中华元素。从中国制造，到中国创造，再到中国创意，不仅是生产方式的转变，也是中国价值的升华。Made in China 在全世界随处都能看到，但不能代表中国品牌形象。只有中国文化的融入、中国价值的渗透，才能真正形成中国品牌。而中华元素就能够担当起这一历史使命，“中华元素”可以成为中国品牌的支撑点，让中国品牌走向世界。国务院在《文化产业振兴规划》中强调要“打造一批具有核心竞争力的知名文化品牌”①。而一个品牌不单单是一种名称、术语、标记、符号或设计，或它们的组合运用，更重要的是品牌所传递的价值、文化和个性，它们确定了品牌的基础。对于品牌来说，文化不是一个标签，而应当成为品牌的一个重要组成部分，品牌和文化之间的关系，是承载与被承载的关系②。因此，在当前国内外文化产业发展已经进入品牌竞争的时代，以创立文化品牌为核心进行文化资源的合理配置和文化企业的战略重组，是发展文化产业、形成社会主义特色产品体系和市场制度所面临的一个非常现实的课题。

（一）打造文化品牌应有效整合中华文化元素

文化品牌具有高技术、可复制、可持续利用、再生产能力强等后工业化特征，是文化生产力的浓缩，是文化竞争力的表征，是文化产业发展所需要的重要推动力③。理论和实践表明，文化品牌是文化产品符合消费者需求、在市场竞争中走向成熟的重要标志。发达国家发展文化品牌已有一百多年的历史，而且是在市场竞争环境中自然形成的。中国文化产品与文化服务要想树立自己的品牌，就离不开对中华文化资源和资本的有效整合和利用。中国只有把独特而丰富的民族文化资源或优秀的传统文化资源与高科技信息产业结合起来，才能创造出新颖独特的产品。当然，文化品牌的最终形成需要市场的严格检验，需要消费者的普遍认同，能够产生显著的社会效益和经济效益，并且具有示范效应和带动功能；更为重要的是，创立文化品牌还必须充分考虑社会主义核心

---

① 新华社：《文化产业振兴规划》，载《人民日报》，2009 年 9 月 27 日。

② 冯易，覃胜南：《中国元素在品牌塑造中的应用思考》，载《江苏商论》，2010 年第 3 期。

③ 刘金祥：《论创建文化品牌的现实意义》，载《现代经济探讨》，2012 年第 3 期。

价值体系这一意识形态属性，使其具有抚慰心灵、理顺情绪、矫正观念、启悟民智的功效。在发展文化品牌的过程中，只有发挥市场配置资源的基础性作用，使闲置废弃或低效运行的存量文化资源向符合市场需求的文化产业集中，使一些新发掘的文化资源向名牌文化产品集聚，将资源优势转化为品牌优势，才能确保新增加的文化生产能创造最大的社会效益和经济效益。

中华文化特色鲜明，风格独特，拥有着丰富的中华元素符号，每一个符号又蕴含了深刻的文化意义，这些都是我们打造文化品牌、发展文化的重要资源。然而，当我们自身忽略这些传统文化元素的时候，国外品牌就会大肆挖掘传统文化，把中华元素运用到产品和广告中，近几年，好莱坞对于中国题材和中华元素的重视，可以说超越以往任何时期。美国电影的“中国热”更加强烈，形成了别具一格的“中国风”，中国故事、演员、功夫等元素成为好莱坞电影的常用因素。这些都值得我们回味和反思。因此，我国在发展社会主义文化产业时应对中华传统文化资源进行深度挖掘，并把各种文化资源进行整合，使一些原始的、粗糙的文化资源得到提升、提炼，必须大力生产在民族文化个性化、特色化方面具有鲜明中华元素转换的中国品牌、中国特色的文化产品，从根本上走出模仿、复制、加工的发展阶段，不断提高文化产品在内容上的原创性。为了打造世界性的品牌，中国还需要重视国际潮流的趋势，并在此基础上主动找出本土与国际交融的结合点，大力开展文化创意品牌的营销，如通过网站、报纸、电视等多种媒体进行品牌宣传推广，通过组织参加国外各种博览会、展会和产业博览会等措施提高集群产品的知名度。

（二）打造文化品牌必须以创意为主导

文化品牌是创意的结晶而非单纯利用中华元素和开发文化资源的结果。文化产业如果仅仅依靠对特定文化资源的开发和利用，那只能停留在低附加值的层面上。只有注重原创性、开拓性、新异性，将创意有机融入文化产业之中，才能跃居文化产业的高端，创建优秀的文化品牌。例如，好莱坞制作的《花木兰》《功夫熊猫》等电影作品，就是在依托中国文化资源基础上进行别致创意，成为取得巨额票房收入的文化品牌①。这就提醒我们，我国缺乏的不是文化资源，而是独到的项目策划和新颖的品牌设计。只要抓住创意这一现代文化产业的核心和本质，更新发展理念，转换思维方式，积极调整文

① 王魏：《试析中西文化的碰撞与融合》，载《电影评介》，2008 年第 19 期。

化品牌的发展方向和发展重点，就能创造出征服国内外文化消费者的艺术精品。美国著名政治学家亨廷顿指出："一个不属于任何文明的，缺少一个文化核心的国家，是不可能作为一个具有内聚力的社会而长期存在的。"① 在文化产业的国际竞争中，文化品牌是检验一个国家文化产业基础、自主创新能力和综合竞争力的重要标准，也是衡量一个国家软实力和国际形象的重要标志。我国在不断提高文化市场开放程度的过程中，应认真学习借鉴发达国家的先进技术和经验，积极开发本国的文化资源，着力培育本国的文化品牌，使一批具有民族特色、彰显中华元素的文化品牌脱颖而出。必须继承优秀的民族文化传统，广泛吸收其他国家的优秀文明成果，使民族文化能够与时俱进，在新时代得到再造和重塑，增强民众对国家的政治认同和民族的凝聚力。要继承和发扬优秀民族文化传统，大力发展文化产业，使中华文化走向世界。华夏文明是世界上少有的几个长期保持连续性的文明，博大精深的文化传统是我们塑造文化品牌开发不尽的宝藏。

（三）打造文化品牌应该纳入国家宏观调控的范畴

党的十八大报告提出进一步把发展文化产业作为主导产业，体现了最高决策层对文化产业的高度关注和重视。文化品牌价值需要借助媒介力量进行延伸和扩展。在全球化的大背景下，文化品牌不仅仅属于一个民族，更应属于世界，因为只有成为世界级的品牌，才能成为真正的文化名牌，才能在全球市场的博弈和竞争中成为强者和王者。我国文化产业要进入高端国际市场，必须通过各种媒介，让民族文化品牌与世界著名文化品牌进行对话。近年来，我国的一些文化品牌特别是名牌精品，如舞蹈《千手观音》、舞剧《风中少林》、音乐剧《蝶》等，经过政府有关部门和媒体的大力宣传，得到中外观众的一致认可和广泛好评，取得了良好的市场效果，彰显了文化品牌的双重价值。随着思想文化领域西强我弱状况的日益明显、经济文化一体化趋势的不断增强和人们文化消费需求的迅速增长，努力抓住机遇、乘势而上，将我国文化品牌在全球更大范围内进行推销，已经成为刻不容缓的任务。文化品牌创作工程要从全国文化产业发展布局中所处的实际情况出发，选择特色，打造亮点，突出重点，形成错位竞争，并应利用一切可以利用的媒体力量，营造宣传我国文化品牌的舆论强势，最大限度地将文化品牌推向国际市场，延

① 亨廷顿：《文明的冲突与世界秩序的重建（修订版）》，北京：新华出版社，2010 年版。

伸和扩展文化品牌的人文和经济属性，让民族文化品牌成为世界级品牌，实现文化品牌价值的最大化。

（四）打造文化品牌应注重知识产权的保护

在文化产业迅猛发展的新背景下，文化产业中的知识产权在国际竞争中的重要性与日俱增，正如温家宝总理指出的那样，“世界未来的竞争就是知识产权的竞争”。在一定意义上，对知识产权的保护实质上就是对创新成果的保护。随着全球文化产业的快速发展，文化产业对经济的影响与作用越来越大。20世纪末，联合国教科文组织开始关注传统文化保护问题，美国、日本、韩国等国和欧洲都制定了相关法律，加强对文化和文化产业领域知识产权的保护。我国已经将保护知识产权作为一项国家战略，文化品牌的打造和壮大对文化产业乃至整个经济社会发展的促进作用是难以估量的。因此，对文化品牌的保护显得非常重要。保护文化品牌主要从以下两个方面着手：一是对已有文化品牌的保护，加强对在市场经济发展过程中形成的文化品牌的保护和开发。以动漫产业为例。在美国动漫产业的发展过程中，其核心都是紧紧围绕品牌运作这一核心理念而展开的。以品牌为核心的动漫形象授权，在知识产权制度的保护下得以不断蔓延。因此，对我国的动漫产业而言，只有在整体品牌经营战略理念的指导下，在知识产权制度的保护下才能使动漫产业基业长青。二是加大对侵权的打击力度，运用法律手段保护我国的文化品牌，对我国的文化品牌加强商标注册管理。由于文化成果具有民族、社会共有精神财富的特性，特别是在现代科技快速发展的背景下，文化知识产权存在创新艰苦、传播迅速、“复制”或“模仿”简单并且成本低廉的特点，因而文化产业领域是侵犯知识产权的重灾区，如不能很好地保护，对文化产业尤其是有品牌的文化产业的影响和损失是巨大的。

三、实施文化产业“走出去”战略

（一）文化产业“走出去”战略的提出

文化产业“走出去”战略，是指通过发展文化贸易特别是文化服务贸易和开展各种文化交流活动，促使彰显中华元素的中国文化产品特别是内容产品进入国际市场，向世界传播中华文化，在获取文化产品收益的同时，提高国家的文化软实力和影响力。这个战略是在实践我国经济“走出去”战略与我国文化产业开始深度参与国际文化产业分工，顺应全球经济和文化发展规律和竞争趋势，以及保护国家文化安全而提出的一项综合性的国家战略。一方面，文化产业的“走出去”战略是源自我国经济的“走出去”战略；另一方面也是最重要的一点，即是在应对异质文化和同质文化的全球竞争过程中，通过扩大国际文化贸易等途径积极有效地实现中华文化走出去。

随着对外开放力度的不断加大，我国对外经济、文化交流和贸易的工作获得了新发展，取得了新成就，文化产业走出去的战略规划日渐明晰。2002年，文化部部长孙家正指出：“要以更加开放的姿态融入国际社会，进一步扩大对外文化交流，实施‘走出去’战略”，“充分利用市场经济手段和现代传播方式，树立当代中国的崭新形象，把我国建设成为立足亚太、面向全球的国际文化中心。”同年11月，十六大报告中强调：“实施‘走出去’战略是对外开放新阶段的重大举措”，“文化建设要立足于改革开放和现代化建设的实践，着眼于世界文化发展的前沿，发扬民族文化的优秀传统，汲取世界各民族的长处，在内容和形式上积极创新，不断增强中国特色社会主义文化的吸引力和感召力。”2004年党的十六届四中全会提出要“推动中华文化更好地走向世界，提高国际影响力”。2005年胡锦涛在党的十六届五中全会上指出：“社会主义先进文化建设要加快实施文化产品‘走出去’战略，推动中华文化走向世界”。会议通过的《关于制定国民经济和社会发展第十一个五年规划的建议》中再次强调：“积极开拓国际文化市场，推动中华文化走向世界”。2006年9月，《国家“十一五”时期文化发展规划纲要》指出：“充分利用国际国内两个市场、两种资源，主动参与国际合作和竞争，加强对外文化交流，扩大对外文化贸易，初步改变我国文化产品贸易逆差较大的被动局面，形成以民族文化为主体，吸收外来有益文化，推动中华文化走向世界的文化开放格局。”2007年，温家宝指出：“我们要运用各种形式和手段，包括巡演巡展、汉语教学、学术交流和互办文化年等，进一步推动中华优秀文化走出国门、走向世界，增强国际影响力。要积极实施文化走出去战略，大力发展文化产业，提高文化企业和文化产品的国际竞争力，扩大图书、影视等文化产品的出口，推动中国文化产品特别是文化精品走向世界。”① 2009年，《文化产业振兴规划》中提出要大力实施“文化品牌塑造战略”和“文化‘走出

① 温家宝：《关于社会主义初级阶段的历史任务和我国对外政策的几个问题》，载《光明日报》，2007年2月27日。

去'战略"。2010 年 7 月，胡锦涛强调："要加快发展文化产业，认真落实文化产业振兴规划，精心实施重大文化产业项目带动战略，推进文化产业结构调整，培育新的文化业态，提高文化产业规模化、集约化、专业化水平。要精心打造中华民族文化品牌，提高我国文化产业国际竞争力，推动中华文化走向世界。"2011 年，《中华人民共和国国民经济和社会发展第十二个五年规划纲要》中强调要"构建以优秀民族文化为主体、吸收外来有益文化的对外开放格局，积极开拓国际文化市场，创新文化'走出去'模式，增强中华文化国际竞争力和影响力，提升国家软实力"。2011 年，党的十七届六中全会特别强调，要坚持发展多层次、宽领域对外文化交流格局，借鉴吸收人类优秀文明成果，实施文化走出去战略，不断增强中华文化的国际影响力。2012 年，党的十八大报告强调要加快走出去步伐，增强企业国际化经营能力，增强我国文化产业的整体实力和竞争力。

从文化产业走出去战略的提出到不断完善和发展的过程可以看出，文化产业"走出去"主要包含两方面的内容：文化外交和对外文化贸易。文化外交主要是指以政府为行为主体的，以文化传播、交流与沟通为内容的对外文化交流活动，是主权国家利用文化手段达到特定政治目的或对外战略意图的一种外交活动[①]。通常而言，当前各国政府举行对外文化演出与文物展览、开展的包括留学生培养、语言教学、专业艺术、人才交流、学术交流等各类教育交流活动，以及包括图书报刊、音像制品、电脑软件、广播电视、互联网等的文化信息交流活动[②]，都属于文化外交的内容；对外文化贸易是文化产业走出去的最重要一项重要内容，文化贸易的规模和文化产业的国际竞争力体现了一个国家文化实力，是一个国家文化产品能否真正走向世界并占领国际文化市场的主要标志。积极培育外向型文化企业，通过出口既体现民族特色、又有高科技含量的文化产品，参与国际文化市场竞争，这是对外文化贸易的主要渠道。

（二）文化产业"走出去"战略的内容构成

文化产业"走出去"战略是维护我国文化主权、保障我国思想文化独立的重要手段，是自觉提高我国文化原创能力和生存空间的主动选择，也是对

---

① 李智：《文化外交——种传播学的解读》，北京：北京大学出版社，2005 年版，第 24 页。

② 缪开金：《中国文化外交研究》，中共中央党校博士学位论文，2006 年。

外服务贸易的一个重要组成部分。其内容构成可以分为三个层面：一个是文化层面，二是政策层面，三是产业层面，如图4－1所示。

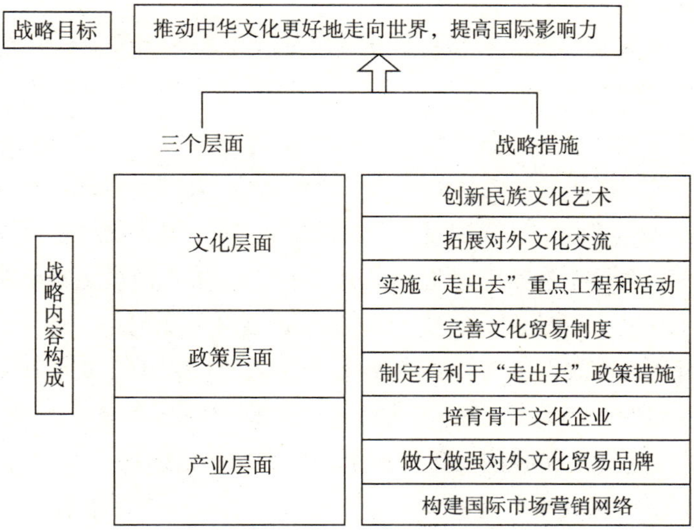

图4－1　文化产业走出去战略的内容构成

（三）文化产业走出去战略的实施路径

1. 找准对外文化交流的切入点，建立文化外交和文化贸易的长效机制

当今世界文明的多样性与差异性要求我们认真研究全球文化格局和地域文化的特点，中国文化产业在内容生产上，要特别注重国际化题材的选择和普世价值内容的体现，例如民主、自由、平等、法制，和平与发展，正义战胜邪恶，英雄崇拜，此外还应关注人类与自然的关系等问题。在进行文化产品输出时，也要充分考虑到其他国家的消费习惯、商业模式、民族信仰、审美情趣等不同方面的情况，只有这样，文化交流和文化贸易的努力才能卓有成效。我们要“善于运用灵活多样的对外宣传和交往方式，尽量使用国际社会听得懂、易理解的语言和喜闻乐见的方式进行交流，增强宣传的有效性，努力引导各方面客观理性地看待中国的发展和国际作用，营造友善的国际舆论环境”①。我们要适应变化的国际社会和时代要求，加大国家对外文化援助

① 温家宝：《关于社会主义初级阶段的历史任务和我国对外政策的几个问题》，载《光明日报》，2007年2月27日

的力度，在加强对外文化宣传的同时，提高开展对外文化贸易的能力，逐渐形成中央与地方相结合，官、民、商并举，文化外交与文化贸易齐进的对外文化交流新格局。

2. 着力把握文化产品的创意性特点，提升中华文化国际影响力

“当今文化发展，创意制胜，内容为王”①。在当今全球市场一体化的形势下，文化竞争力的核心在于文化产品的竞争力。而文化产品与服务所蕴含的精神与艺术财富的多寡是决定社会大众消费购买力强弱的关键。在充满激烈竞争的文化市场中，只有满足大众的需求，且有创意的产品才能够占据一席之地。然而创意并非凭空想象，尤其是文化产品的创意更需要立足于传统文化。只有根植于传统文化，文化产品的创意才更具生命力，更具中国风、中国味。因此，在大力发展社会主义文化产业的过程中，我们应清醒地认识到，越是民族的，越是世界的，共性寓于个性之中。为此，蕴含中华元素、中国创意的文化产品是我国文化产业走向世界的关键因素。

3. 掌握全球文化市场运营规则，积极培育外向型文化企业

与其他商品类似，文化产品在市场上的流通也存在一个漫长的流程，有着诸多紧密相连的环节。而由于不同的国家、民族在诸如法律制度、语言文化、审美取向等方面都存在较大的差异，所以文化产品的国际流通环节显得更为复杂。因此，培育、发展专业性的外向型、国际化的文化企业非常有必要，能够把握市场走向，积极参与国外文化要素与文化附加值市场，同时协调好与相关财务、法律、保险、检验、资质认证、资产评估等中介机构的沟通合作工作。在国家政策倾斜与战略扶持以及文化产业自身的努力之下，能够培育出国际化的文化产业模式。

因此，社会主义文化产业要加强对国际市场的研究，重视文化产品的创作。我们深知：“尽管各国和各地区的文化差异是显著的，但人性是共通的，人人都具有对美、健康、安全等的需求。”② 文化产品作为承载人类价值理想的文化成果、凝结人类思想智慧的文化产物，其在作为满足人类精神需求的文化食粮上是相通的。在越来越多的走向世界的文化产品和服务中，中华元

---

① 李长春：《关于〈中共中央关于深化文化体制改革推动社会主义文化大发展大繁荣若干重大问题的决定〉的说明》，载《人民日报》，2011 年 10 月 27 日。

② 陈培爱：《广告学概论》，北京：高等教育出版社，2004 年版，第 252 页。

素为世界各国人民所辨识、接受和认同，许多影视产品、舞台艺术因为富含中华元素，所以为世界各地文化消费者乐意接受。甚至如《功夫熊猫》等一些国外的文化生产制作，也将中华元素作为拓展市场、争夺观众的重要砝码。种种迹象表明，我们正在进入传承和弘扬中华元素、推动中华文化走向世界的最佳时期。为此，我们要及时抓住机遇，立足于时代的高起点和世界文化发展前沿，深入研究国际文化传播和运行的特点，挖掘提炼适合国际传播的中华元素，以中华元素为引领、为先导、为主干，大力传播中国特色、中国理念、中国气派、中国风格，重点扶持中华元素的直接传播和延伸传播，扶持富含中华元素的文化产品和服务，扶持历史优秀、特色鲜明的烹饪、茶艺、武术、针灸等传统技艺，扶持各类中华老字号到国外经营发展，努力在适应需求、满足消费中使国际受众认同和喜爱中华文化，使中华元素成为当代世界人民生活中的基本元素之一。要加快文化产业发展的步伐，大力培育外向型文化企业，坚持文化体制和文化科技的创新，以创作和研发出具有民族特色和时代特征的优秀文化产品作为突破口，增强我国文化产品的感染力和市场竞争力，不断增强本国文化产业的国际竞争力。

第五节　实施社会主义“人才兴文”战略

人才是文化产业发展的第一资源。此外，文化产业是高科技与高文化相结合的产业，是一个特别需要高素质人才运作的领域，文化产业对管理人员的文化素质和能力结构的要求都非常高，有思想、有创意、懂艺术、善管理的人才是决定文化产业发展水平的重要因素。其中，创意和创造力是文化产业发展的最根本动力。随着人才资源在综合国力竞争中的地位不断突出，党中央、国务院于2003年做出了《关于进一步加强人才工作的决定》，提出人才强国战略。2004年，文化部出台了《关于实施“人才兴文”战略进一步加强人才队伍建设的意见》。“人才兴文”战略成为我国加强社会主义文化产业建设的重点战略之一。因此，为保证当代社会主义文化产业的快速、健康、可持续发展，必须开发利用文化产业各类人力资源，着力打造一支规模宏大、结构合理、素质优良、富有开拓精神和创新能力的文化产业人才队伍。

一、推动创意阶层在中国的崛起

随着全球创意产业的勃兴，21 世纪，创意阶层将成为人才竞争的重点。创意阶层这个概念最早是由美国学者理查德·弗罗里达在《创意阶层的崛起》一书中提出的。创意阶层是以创意来增加经济价值的一群人。他把创意阶层分为“创意核心群”和“创意专业群”两部分，前者包括科学家、大学教授、诗人、艺术家、演员、设计师、建筑师、小说家、编辑、文化人士、咨询公司研究人员以及其他对社会舆论具有影响力的各业人士，他们的工作是“创造新观念、新技术或新的创造性内容”；后者包括高科技、金融、法律及其他各种知识密集型行业的专门职业人员①。创意阶层具有以下特征：他们具有创意和创造力，从事创造性工作，能在工作中充分发挥个人的创造性，并且进行各种新的尝试。这个阶层的人往往比较年轻，充满活力；受教育水平普遍较高，有一些共同的价值观和能力，比如尊重个性，崇尚竞争与实力，喜欢开放与多样的城市社会环境；具有修订规则、发现表面离散事件间内在联系的能力，注重自我价值的实现和自我认同；等等②。创意阶层在经济和文化发展中起着重要的作用，推动创意阶层的崛起在社会主义文化产业的建设和创新中更是有着突出的意义。为此，政府应采取吸引人才以及激发全体人民的创意热情等举措来努力推动。

（一）政府制定吸引人才的举措

文化产业是一个以智力、创意为灵魂的产业门类，对人才有着特殊的要求，“人才是第一资源”在文化产业发展中体现得淋漓尽致。文化产业对人才的要求是一种战略要求，能否得到有效满足是决定文化产品和服务市场竞争力强弱的关键因素。高素质人力资本无疑已成为文化产业的主体生产要素，研发创意人才、资本营运人才和经营管理人才则是文化企业决胜市场的核心要素。抓住了人才，就几乎是抓住了文化产业发展的关键和根本。弗罗里达在《创意阶层》一书中，强调了“创意团队创意能力的培养和发展需要一种适合他成长的氛围，需要一种环境和组织”。过去，传统的发展模式是工商业聚集吸引人类智慧，创意时代是创意智慧向创意人才喜欢的地方集中，人力

---

① Richard L. Florida. The Rise of the Creative Class. New York：Basic Books，2002：67-72.

② 易华：《创意阶层理论研究》，载《外国经济与管理》，2010 年第 3 期。

资本集群远比公司集群更重要。创意时代人口构成模式和社会格局改变，人口的流动性从根本上激发了创意。全球化时代人才流动性空前增强，创意人才将跨越国境和地域流动，聚集到适宜发展的地方，并为之带来经济发展和社会整体提升。因此，无论是对中国国家整体还是各地方政府，首先要大力吸引创意人才流入中国；其次，如佛罗里达所强调的吸引创意人才的关键在于建设满足他们所偏好的环境，因而建立有利于推动创新的社会文化和地域环境远比商业环境更重要。佛罗里达有著名的“三 T”理论，即人才（talent）、技术（technology）、宽容（tolerance），其逻辑为宽容吸引人才，人才创造科技①。最后，进一步完善保护知识产权制度将是非常重要和急需的措施。由于受到多种因素的影响，我国的知识产权保护在总体上还有许多不尽如人意的地方，而发展文化产业迫切需要通过对知识产权的保护来提供外在的社会法制环境，如果不能提供法律上的强有力保障，我国文化产业的发展就会举步维艰。

（二）激发全体人民的创意热情

人们往往将创意人才视为一种神秘莫测的东西。爱因斯坦称自己的工作是“组合游戏”，比较好地把握了创意区别于“智力”这一点，创意包括的是综合能力。

创意是对各种数据、观点和材料进行过滤，产生出新的、有价值的组合。创意综合在很多方面都有价值，比如生产一个实用设备、提出一个可用于解决某个问题的理论或者观点，或者创作一件令人驻足欣赏的艺术品②。由于创意成果会打破现有的思维和生活模式，因而它往往是颠覆性的，甚至对创意者本人而言，这种创意成果也可能具有颠覆性，并使人感到不安。因此，创意要求创意者具有自信心和承担风险的能力。少数天才由于拥有一些超乎常人的能力，因而能够成功地打破常规、创造新意。然而，创意并非只是这些少数天才的“专利”。创意是一种几乎所有人都具备的与生俱来的能力，只是程度不同而已。玛格丽特·博登在对众多研究进行总结的基础上指出：“创意主要利用的还是我们的一些普通能力，如注意力、记忆力、观察力、语言能

① ［美］理查德·佛罗里达．创意阶层的崛起．司徒爱勤，译．北京：中信出版社，2010 年版。

② Boden, The Creative Mind; Arieti, Creativity: The Magic Synthesis; and S. A. Mednick, “The Associative Basis of the Creative Process.” Psychological Review, 69, 1968: 220-232.

力、听力、理解语言的能力和类推能力，这些能力对于每个人都非常重要。”①

一些人可能认为创意阶层实质上就是一群受过良好教育的人，其实并不完全是这样。当经济学家衡量人力资本即劳动力的总的知识水平和技能的时候，他们通常关注的是正式教育，也就是人口中具有学士及以上学位的人口数量。但教育只是衡量人创意潜能的一个指标。我们的社会充满了许多非常有创意的成功人士的故事，他们并没有从大学毕业。比尔·盖茨、史蒂夫·乔布斯和迈克尔·戴尔是被认为最重要的三位企业家，他们都没有完成大学学业。实际上，在2007年福布斯“最富有的50个人”的榜单上，依靠自我奋斗成功的26人中有11个人没有大学毕业②。这不是说所有人都应该离开学校，成为一个像史蒂夫·乔布斯那样离经叛道的成功企业家。对于大多数人而言，大学教育的回报很优厚。但是，技能不仅仅是由大学教育决定的，工作经验丰富、头脑清楚、有创造力、有抱负、富于企业家精神，都不是大学教育的讲授内容，然而这些因素对于在创意经济中取得成功是必不可少的。

虽然中华文化的传统有五千年的历史积淀，在一定的条件限制下可以认识和提取相当数量的中华元素，但是，当这些元素在今天使用或表达时，须以中华的传统文化背景为基础，并且要遵循一定的构成或表达的法则，才能相对完整、准确地表达“中华”的意义。因此，无论是对中华元素的认定和提取，还是使用与表达，都需要全体人民的热情参与，更需要自身的文化基础、文化立场、文化水准和文明素养的积极体现。

二、培养引进高素质管理人才

目前，我国文化产业存在着从业人员的知识结构与能力结构较为单一的现象，例如，有的文化产业管理人员具备一定的经济与管理能力，但是缺乏足够的文化专业素养，有的则相反，总之，不能将两者相结合，不能达到准确把握文化消费趋势、引领文化产业潮流的目标。加之，由于我国传统文化管理体制的局限性，大部分文化产业管理人员缺乏现代市场运作的经验与能力，市场竞争意识薄弱。为此，培养、引进高素质的文化产业管理人员是推动文化产业健康、持久发展的关键所在。首先，要充分利用和发挥我国高等

---

① Boden, The Creative Mind; Arieti, Creativity: The Magic Synthesis; and S. A. Mednick, “The Associative Basis of the Creative Process.” Psychological Review, 69, 1968: 245.

② 《世界首富》(The Word's Richest People)，《福布斯》，2007年3月。

院校教育资源，加大投入，努力培养高层次的专业性人才。目前，在国内有北京大学、上海交通大学等高校整合相关学科与师资力量，成立了国家文化产业人才培养基地，部分综合性大学也相继开设文化管理专业。在此基础上，国家应大力扶持、鼓励国家文化产业创新与发展研究基地，加大资金投入力度，进一步扩大培养文化管理专业人才的高等院校范围。其次，鼓励并支持社会力量整合、利用相关资源从事文化产业人才的培训工作。根据文化产业发展的需求以及市场的实际情况，有针对性地进行专项、细致的人才培训。最后，通过政策扶持、税收优惠等方式，鼓励文化产业人员创业，同时营造尊重文化产业人员的社会氛围。党的十八大报告曾明确指出："营造有利于高素质文化人才大量涌现、健康成长的良好环境，造就一批名家大师和民族文化代表人物，表彰有杰出贡献的文化工作者。"为此，达到使一切创造愿望得到尊重、创造活动得到支持、创造才能得到发挥、创造成果得到肯定，是我们持之以恒、不懈努力的方向与目标。

三、培育具有国际视野的文化产业人才

随着经济全球化的趋势不断增强，国际竞争也日趋激烈，我国的文化产业同样面临着日渐激烈的国际竞争形势，为此，我国文化产业的发展不仅要立足国情，更需面向世界。在竞争中，求合作，谋发展，实现现代化转型。我们所致力培养的具有国际视野与合作能力的文化产业人才需具备以下几项素质与能力：

（一）具有国际化的市场理念

在经济全球化的背景下，文化产业的活动市场已经由国内逐步扩大到国外，竞争对象由本土扩展到海外。在国际上，利用外需来推动内需，同时利用外需来影响国内市场的国际竞争，已经成为许多国家文化产业的发展战略。因此，利用内外需的双向拉动来促进文化产业的发展，也是我国文化产业发展的必然选择。为此，我们培养的文化产业人才要通晓国内外市场运作规则，牢固树立现代营销理念，掌握现代营销手段与方式，积极配合国家的"走出去"战略，善于利用本土优势与国际资源，努力开拓国际市场，在国际竞争中实现文化产业的国际化、现代化。

（二）具备复合型人才的各种素质

由于文化产业是一个涉及诸多行业的复合型产业，因此，也决定了它需

要一专多能的复合型人才。在这种客观要求下，我国文化产业从业人员在牢固掌握相关文化艺术知识的基础上，应积极借鉴、吸收国外较为先进的、成熟的文化产业运营模式与管理经验，主动掌握并善于顺应国际市场规则，熟练掌握外语，掌握谈判对话技巧，善于推销，推动本土文化品牌的国际化；要通过扩大、提高整个文化产业从业人员的国际视野与现代化素质，从而提升整个行业的现代化程度，进而提高对我国传统文化的挖掘、开发、利用程度，努力打造能够走向世界的具有中国特色、中国风格、中国气派的文化精品。

（三）具有开展对外文化交流的能力

党的十八大报告中明确提出："要扩大文化领域对外开放，积极吸收借鉴国外优秀文化成果。"可见，进一步扩大文化领域的对外开放程度，支持、鼓励文化产业的发展并走向世界，是我国党和政府一贯主张的政策。在这种形势下，文化产业从业人员首先要充分挖掘我国本土的民间传统文化资源，结合市场的需要，予以开发包装。其次，积极、主动地参与国内外举办的国际性文化类博览、展销活动，通过这些商务交流、沟通平台，了解行业的最新动态，加强同行之间的合作，努力推销本土品牌，将本土传统资源与海外最近运作模式相结合，实现国际口味与中国风格的完美融合。

结　语

社会主义文化产业是在全球化浪潮激荡下逐步兴起、发展和壮大的，总体而言，虽呈现出蓬勃发展的态势，我们却仍然必须有一种强烈的紧迫感和危机感。这不仅是因为，无论是对文化产业的认知，还是文化产业发展的实践，我们与西方发达国家相比，都晚了几十年，由此而造成我国与西方发达国家文化产业发展水平的巨大差距；更是因为，“文化”本身承载着特定的文明内涵，中华文化只有通过中华元素才能得到体现，而我们对此重视和研究还很不够。要使我国通过文化产业的发展，进一步确立文化软实力，为人民群众提供精神家园，使中华民族始终屹立于世界先进民族之林，我们对社会主义文化产业的现状和未来的发展就必须确立这样几点认知：

一是必须明确社会主义文化产业面临的挑战依然十分严峻。我国文化产业与西方文化产业发展的差距不是短时间就能消除的，因此，当前及未来较长一段时间内我国文化产业要时时面对西方文化产业的强势竞争和挑战，这种挑战是全方位的，包括资金、规模、人才、科技和运作水平等一系列问题。我们绝不能再以“天朝大国”的心态，无视世界先进文化及其产业化的成就。但是，尽管有严峻的挑战存在，我们依然要有不畏强者、发展壮大社会主义文化产业的坚定信心。要在正确看待我国文化产业取得成就的基础上冷静分析存在的差距及其原因，要在与国际文化产业集团的竞争较量中学习和借鉴他们的成功经验，要在准确把握世界文化产业发展潮流的前提下争取实现社会主义文化产业的超越式发展。

二是在认识到社会主义文化产业发展过程中的许多问题和矛盾亟待解决的基础上，抓住重点，分步突破。我国文化历史悠久，但是文化产业对我们而言是新生事物，因此在发展中面临许多新情况、新问题。由于中华文化的丰富性和我国国情的独特性，在发展文化产业的过程中已经或即将面临许多令人困惑的问题和矛盾，制约了社会主义文化产业发展和前进的步伐。这不仅是指，在经历了一个时期的发展后，当前社会主义文化产业正面临一些深层次问题，而且是指中华元素中的许多内容带有小农经济时代的特色，很难不加改造地运用到文化产业的发展中去。这表现为文化产业政策法律体系不够完善，文化企业规模化、集约化水平低，文化原创能力不强，文化资源浪费严重等问题。我们要加快文化产业的发展步伐，就要不断研究发展过程中出现的新情况、新问题，抓住要害，采取卓有成效的发展举措，绝不可眉毛胡子一把抓。特别是要关注重点产业（如动漫产业），充分发挥各地特色和优势（如以安徽文化为特例的研究）。

三是要科学、合理地分析和利用社会主义文化产业发展的优势条件。我们既要看到我国文化产业发展面临的挑战和困难，也要清楚地看到我们发展文化产业的优势条件。中华民族多元一体的格局、悠久灿烂的传统、各地域各民族的生产生活，孕育了绚丽多彩、种类繁多、无以计数的中华元素和丰富多样的文化资源，这些都是发展社会主义文化产业的基础条件。如何做好中国文化资源的价值转化，社会主义文化产业如何深度挖掘中华元素，如何打造具有国际知名度的文化品牌等等，这些问题都将是我们发展文化产业的过程中必须认真研究和解决的重大课题。

路漫漫其修远兮，吾将上下而求索。社会主义文化产业的建设路程还很漫长，我们要有直面挑战的勇气、克服困难的信心和取得成功的智慧。面对中华元素和社会主义文化产业的建设，我们要有民族自豪感、文化自信感、历史敬畏感和时代使命感，要以坚定的信心，期待社会主义文化产业一定会做大做强，具有丰富内涵和独特魅力的中华元素必将在世界文化舞台上大放异彩，为引领人类文明进步做出重要贡献。

在学期间发表的研究成果

1.《用先进网络文化引领高校大学生思想政治工作》，《思想理论教育导刊》，2012 年第 3 期（第一作者）

2.《制度变迁与安徽文化强省战略研究》，《管理现代化》，2012 年第 3 期（第二作者）

3.《安庆市区地名的文化内涵探析》，《安庆师范学院学报》，2011 年第 2 期（独立）

4.《高校应大力加强大学生艰苦奋斗精神的教育》，《思想理论教育导刊》，2011 年第 6 期（独立）

5.《发展农村文化产业——实现我国反贫困战略的有效路径》收入《文化建设理论与实践研究——上海财经大学师生学习、研究党的十七届六中全会精神论文集》，上海财经大学出版社，2012 年版

6.《中国元素与安徽文化产业发展路径研究》收入《美好安徽：新征程·新跨越——安徽省社会科学界第七届（2012）学术年会文集》，合肥工业大学出版社，2012 年版

7.《发展农村文化产业——实现我国反贫困战略的有效路径》，《内蒙古大学学报》（哲学社会科学版），2013 年第 3 期（第一作者）

8.《从“需要”角度重新审视“价值”概念》，《哲学动态》，2013 年第 5 期（第二作者）

中华元素的激活及其产业开发路径

——基于五千年文博园的实际调研报告

每个民族都有自己的文化。中华民族文化源远流长，博大精深，一直延续至今，被视为中华民族世世代代所继承发展的、具有鲜明民族特色的优秀传统文化。中华元素是指来自中华民族文化与其他国家和地区形成差异化、凸显中华民族特色的相关要素，是在长期的历史发展过程中逐步积淀而成、具有长期延续性、时代性和国际性的事物、现象和精神，是一种积极正面的符号与精神形象。中国太湖五千年文博园是以“中华文化主题公园”为建设宗旨，旨在成为向世人展示中国从原始社会到近代社会再到现代社会经历的一切的平台。园内采用古典徽派建筑与苏州园林风格相结合，亭台楼阁、小桥流水、碑廊石刻以及各种旖旎风景尽在此处。文博园是以中华上下五千年优秀的传统文化作为基础建造的旅游胜地，园内处处凸显中华元素的景象，人文气息浓郁。

五千年文博园所有的景点选取的中华元素都别出心裁，有着特定的意义，即体现中华传统优秀文化。例如，三教合一广场，由孔子周游列国行、卧佛及老子天下第一三大景点组成，是五千年文博园和谐文化最显著的体现，也是展示中华文化的有力代表之一。众所周知，在春秋战国时期，儒家创始人孔子主张“仁”的思想以及性善论，孟子继承发扬了孔子的思想，实行“仁政”，儒家思想开始萌芽，虽在秦朝受到“焚书坑儒”的打压，却依然生生不息，成为两千多年的封建社会里传统文化的主流思想，一直在官方意识形态领域占据着正统地位，对中华文化发生着广泛而深刻的影响。“孔子周游列国行”是孔子及其弟子周游列国的雕塑，反映其推行儒家思想的情景。此雕塑将孔子雕刻得雍容大度，大力宣扬了中国封建社会的主流思想。道家创始人老子主张无为而治，要顺应大自然，景点“老子天下第一”是世界上规模最庞大的老子像，将老子刻画得栩栩如生，生动再现了老子一生为了弘扬和发展自己的思想、不畏艰辛、探索治国安邦的豪情壮志，给后人留下了不朽的思想和精神，与其上雕刻的“老子天下第一”相应，体现了道教的重要性。古代甚至是现代信奉佛教的人也有很多，文博园重金塑造释迦牟尼卧佛，以此来弘扬佛教文化。

自古以来，龙都被视为中华民族的象征，中国人都自称是龙的传人。景点九龙戏水、龙飞凤舞、龙行天下、九龙御道都是关于龙的景点，用珍贵的玉雕刻出来神态各异、气势雄伟的龙的姿态。体现了龙作为中华民族传统文化的一部分，有着举足轻重的地位。

秦始皇陵兵马俑是秦始皇陵的陪葬坑，是世界考古史上最伟大的发现之一，被誉为“世界第八大奇迹”。文博园还原了2000多年前的秦俑宝藏，也堪称一个奇迹。各式各样的陶土兵马俑在一代帝王秦始皇的带领下征战沙场，英勇无畏。兵马俑让世人了解了古代秦国的雄厚实力，是封建社会文化的有力说明。

京剧脸谱可以说是一个面具、一种艺术、一种文化、一种瑰宝，已经被大家公认为是中华民族传统文化的标识。京剧脸谱以红白两色为主色，大胆地运用写真、夸张、抽象的艺术形式，结合独创的手工艺制作而成。其色彩鲜明、立体感强、线条柔美，打破了固定谱式的束缚，完全从一个全新的角度理解和认识脸谱艺术，试图从中探求脸谱在现代生活中的现实意义和艺术价值。

中国自古就是一个爱好和平的国家，在古代，推崇三纲五常、仁义礼智信；在现代，主张和平共处、共同发展，和谐的思想文化贯穿始终。五千年文博园为了沐浴和谐之风，在安庆园打造了一条长26米、宽2米的巷子，春风劲吹六尺巷，和谐美德永流芳！通过打造六尺巷，让前来参观的游客更能感受到和谐之风的洗礼，深刻地明白六尺巷的宽不是宽在六尺上，而是“宽”在人们的心灵境界与和谐礼让精神上。这正契合了古代以及现代都备受欢迎的和谐思想，也教育我们要与人和睦相处。

提起中华民族，都会联想到炎黄子孙。炎黄二帝石雕对炎帝和黄帝的容貌进行了细致的雕刻，体现了中华民族对炎黄二帝的景仰。炎黄二帝是华夏民族的始祖，亦是华夏文明承前启后的先祖，打造的炎黄二帝形象显示了中华民族勤劳、勇敢、智慧、坚韧的精神性格和不屈不挠、开拓进取的宏伟气概，是对我们先祖的瞻仰，同时也是对五千年华夏文明的传承和发展，充分展示了华夏文明的起源及其深厚的文化底蕴。

小农经济自战国开始萌芽，是封建社会的经济基础，对于稳固中国封建社会起到了重要的作用。民俗馆展出了一系列古代农业用具龙骨风车、打稻桶、耙、犁头、水车、碾子，充分显示了古代小农经济的繁荣，是古代封建社会经济文化的有力说明。

自鸦片战争开始，中国沦为半殖民地半封建社会，受到英法等列强的欺辱，不仅割地赔款，还签下了许多不平等的条约。中国传统文化遭到了史无前例的压制和废弃。蜡像馆还原了历史上从签订第一个不平等条约开始的每一个条约签订的历史场景，警醒世人牢记国耻，扬我国威。它展现的虽是屈辱的历史，但依然成为我国历史文化的一部分，是促进中华民族奋发图强、振新崛起的驱动力。馆内还收藏了尔宝瑞大师的 6 件顶级作品：毛泽东、周恩来、邓小平、朱德、刘少奇、齐白石伟人蜡像，他们都是为祖国无私奉献的人，是引领中国人民前进的旗帜，是继承和发扬传统文化的传播者。

调研中，我们发现，被调查的人群中绝大多数都愿意去立体地感受中华文化。这说明五千年文博园作为一个文化产业，有很大的发展前景，因为精神文化是人们在物质生活越来越满足的情况下而想去寻求的最迫切的东西。但是，该景区旅游业起步较晚，进入市场较迟，当地的经济发展水平不高，各地相似文化产业的竞争，市场定位不准确等多种因素，导致文博园的市场知名度不高。直至今日，五千年文博园的主要收入来源还是门票收入，经营收益链较短，盈利模式过于单一。此外，还存在着融资、管理、景点内娱乐设施较少等方面问题。旅游业是一项服务性产业，文博园服务人员集中分布在饭店住宿方面，没有均衡分布。文博园规模巨大，各个景点距离较远，但交通设施较少，没有小型供游客乘坐的公交车；一个旅游景点，纪念品店应该均衡分布于各个地方，而文博园景点内纪念品店很少；每位游客到任何一处景点都想要获得物美价廉的商品或服务，景点内多为大型酒店而没有小型旅馆饭店；垃圾桶较少，地面容易聚集垃圾。

因此，五千年文博园在努力创建 5A 景点的同时，需在以下几个方面进一步加强：

1. 应该加强基础设施的建设，据游客们反映，人们大部分不愿意来参观的原因不是风景等不优美，而是许多硬件设施不完备，比如交通状况、食宿问题、安全隐患等。

2. 文化虽然很多，但很复杂，不能让人留下很深的印象；比如景点内没有醒目的标示，游客们只是看看而已，根本不知道是什么。所以希望加上更多的提示，让他们知其然还知其所以然。

3. 园内除了观赏还是观赏，虽然文化气息很浓，但消费群体比较单一，因为更多的家庭是带着孩子一起来的，如果这一部分消费群体带动不了，是其很大的损失，所以希望将投资的一部分用到建设儿童感兴趣的地方。

4. 管理不完善，同时营销工作不到位等，是其带动不了经济发展的很重要的原因。应该找专业的人员进行分析管理营销等等。

5. 在景点内有针对性地建设多处凉亭，并配有饮料等，供游客饮用；同时，注重基础设施建设，在景点路线旁多置放垃圾桶，保持地面整洁。

6. 在认真规划之后，保护原有资源，积极合理开发新资源，结合优秀传统文化创造新的旅游景点，不断创新。

7. 加大宣传力度，树立品牌效应，将文博园推向国际。

8. 导游是让游客了解景点的重要角色，因此服务水平至关重要，要着力提升导游的服务水平以及每一位工作人员的工作水平和普通话水平。

五千年文博园景点内中华元素分类及介绍

五千年文博园规划占地1800亩，总投资18亿元，是严格按照国家5A级景区标准打造的中华民族的精神家园，是中国最大的中华文化主题公园。其肩负着实现中华民族的伟大复兴的使命，围绕“创造中华民族的精神家园”的目标，致力于打造一座世界朝圣东方文明的艺术殿堂。

五千年文博园内展示了书画、雕刻、陶瓷、剪纸、蜡染、编织、服饰、风筝、音乐、舞蹈、艺术等十大类、三百小类的原生态文化艺术，是集民间文化艺术品的生产、展演、研讨、休闲、娱乐于一体的综合性文化产业项目。文博园共分为商业娱乐区、千年艺术表演区、游园区和住宅区四大板块，整个项目建设包括四大艺术馆和五千年大厦、千人表演馆，以及占地达3万平方米的根雕园、奇石圆和花卉园，同时还将建成独具文化特色的安徽第一街“皖街”。该园现已被国家文化部命名为“国家文化产业示范基地”，被国家旅游局评定为“国家AAAA级旅游景区”。

五千年文博园分为：一期“艺术千年”，二期“诗话千年”，三期“记忆千年”。

一期“艺术千年”景区占地600亩，以古典徽派建筑与苏州园林相结合，亭台楼阁·小桥流水·碑廊石刻，文化名景尽含其中，园内由中华百工坊、五千年文化长廊、五千年根雕文化园、中华孝道园、国际诗林、四大名著文化园、华夏爱情文化园以及皖江第一街——皖江等百座人文景点及艺术展馆组成。

二期“诗话千年”景区规划建设三百六十行文化园、中国水乡文化园和长600米的2：1仿真清明上河图，游客可穿梭其中，仿佛进入北宋繁盛时期。已经于2011年7月开工建设，计划2014年5月18日对外开放。届时一期与二期之间将通过一座天桥连为一体。

三期“记忆千年”景区规划建设高117.89米，展示中华56

个民族风采的中华民族塔等。“百年风云”情景馆，截取1840年—1949年24个真实的场景，通过5D高科技、蜡像等手法展现，如“鸦片战争”“南京条约”“火烧圆明园”“南京大屠杀”“开国大典”等。另外，重资打造老上海“十里洋场”等景点。

1. 龙飞凤舞

龙乃万兽之首，是先民心中的神物，更是中华民族的象征。它作为我们中国人独特的一种文化凝聚和积淀，已扎根和深藏于我们每个人的潜意识里头。不但人们的日常生活、生老病死几乎都已打上龙文化的烙印，而且龙文化的视角、龙文化的审美意识已渗入了我国社会文化的各个领域、各个方面。斗转星移，我们的祖先所创造的“龙”至今仍保持着旺盛的生命力，仍为广大人民所喜爱，仍能从心底唤起民族的自尊心和自豪感。凤为百鸟之王，在远古图腾时代被视为神鸟而予崇拜。它是原始社会人们想象中的保护神，经过形象地塑造逐渐完美演化而来。它头似锦鸡、身如鸳鸯，有大鹏的翅膀、仙鹤的腿、鹦鹉的嘴、孔雀的尾，居百鸟之首，象征美好与和平。从古至今，凤凰那美好吉祥的形象深深地留在民间大众的心目中，世世代代被人们赞美着、歌颂着，代表祥瑞之意。五千年文博园以“龙”“凤”为主元素，建高达22米的盘龙，凤翔其侧，以喻龙凤呈祥。巨龙盘旋而上，凤唱和起舞，登上盘龙，寓意仕途得意，飞黄腾达。一龙一凤故称“龙飞凤舞”，也戏称为“夫唱妇随”或“妇唱夫随”。

2. 茶马古道

茶马古道是指中国西南边疆茶马互市，以马帮为主要交通工具的民间国际商贸通道，是中国西南民族经济文化交流的走廊，兴于唐宋，盛于明清。历史上的茶马古道分川藏道、滇藏道与青藏道（甘青道）三条大道为主线，辅以众多的支线、附线，构成一个庞大的交通网络。

五千年文博园复原茶马古道滇藏路线一段，设丽江客栈、香格里拉客栈，长500米。古道依山体而建，以人物雕塑、实景微缩的形式，打造出马帮、背夫、牦牛在崇山峻岭间穿梭，翻山越岭、长途跋涉的意境。雕塑形象逼真、栩栩如生，再现了辛勤的马帮日复一日、年复一年，用生与死开辟出一条通往域外的经贸之路，一条人文精神的超越之路，也因此歌颂那些为藏汉民族的团结和兴旺做出贡献的人们。

3. 七夕亭

宋人词云“柔情似水，佳期如梦”，说到七夕，不得不提到牛郎与织女的故事，相传牛郎出生很苦且忠厚老实，生活中又受到排挤，而织女因为偶然下凡沐浴，通过老黄牛的撮合两人逆天意相爱而生活在一起。此事被王母知道，勃然大怒，遂把二人拆散，从此以银河为阻，两两相隔。他们的忠贞爱情感动了喜鹊，千万只喜鹊飞来，搭成鹊桥，让牛郎织女走上鹊桥相会，王母娘娘对此也无奈，只好允许两人在每年农历七月七日于鹊桥相会。所以有了七夕之说，七夕也因此被称为中国的情人节。

五千年文博园为了弘扬中国传统文化，传承中华文明，净化爱情观念，打造了由七个茅草亭组成的“七夕亭”，将传统的爱情节日引入现代生活中，让更多的人们体验传统生活的空间。

4. 徽州文化村

徽州文化即徽文化，是中国三大地域文化之一，指古徽州一府六县物质文明和精神文明的总和，而不等同于安徽文化。徽州，即今安徽省黄山市、绩溪县及江西省婺源县。徽州文化是一个极具地方特色的区域文化，其内容广博、深邃，有整体系列性等特点，深切透露出东方社会与文化之谜，全息包容了中国后期封建社会民间经济、社会、生活与文化的基本内容，被誉为是后期中国封建社会的典型标本。学术界对其的研究，至少经历了大半个世纪，它被称为是与敦煌学和藏学并列的中国三大走向世界的地方显学之一。徽州文化村是五千年文博园为了展示和弘扬徽州文化，将非常有特色的徽州文化精华浓缩在此。其以农家乐、农家风情为主题，由6座不同风格的徽派建筑组成。这些徽派建筑的房屋将会打造成农家土菜馆和宾馆，为游客的餐饮和住宿提供了方便。农家乐土菜馆，将徽州石雕、徽州版画、徽州篆刻、新安画派、徽派盆景融于其中。

5. 中华孝道园

中华孝道园用花岗石雕塑将元代郭居敬辑录的“二十四孝”故事生动形象地呈现在游人面前，有“孝感动天”“戏彩娱亲”“鹿乳奉亲”“百里负米”“啮指痛心”……并在园内地坪上用汉白玉拼接一个占地面积约380平方米的巨大“孝”字，人行其上，寓意“尽孝之道”。

6. 炎黄二帝

黄帝族与炎帝族，与居住在东方的夷族、南方的黎族、苗族的一部分逐渐融合，形成了春秋时期的华族，汉以后称为汉族。在当时中原地区的民族和部落中，黄帝族的力量较强，文化水准也较高，因而黄帝族就成为中原文化的代表。炎黄二帝就成为汉族的始祖，也被人们称为中华民族的始祖。因此，人们往往称中华民族是“炎黄子孙”或黄帝子孙，炎黄子孙就成了中华民族的代名词。

五千年文博园是以中华文化为主题，以创建中华民族精神家园为目标。炎黄二帝是华夏民族的始祖，亦是华夏文明承前启后的先祖，打造炎黄二帝形象是对我们先祖的瞻仰，同时也是对五千年华夏起源文明的传承和发展。炎帝塑像高 14 米，从容慈祥、广额纯朴，是一位农神形象；黄帝塑像高 17 米，刚健有力、气宇轩昂，是古代战神形象。农神、战神两种形象共同显示了中华民族勤劳、勇敢、智慧、坚韧的精神性格和不出不挠、开拓进取的宏伟气概。

7. 烙画艺术馆

烙画是中国民间艺术的伟大创造，距今已有两千多年的历史，之所以历经千年而不被淘汰，是因其独特的表现方法、古色古香的高雅色调、博采众长的艺术题材，深受各个时代、各个阶层人民的喜爱。五千年文博园内的烙铁画艺术馆，又名“烙画上的中国”，位于五千年根雕艺术馆二楼。馆内共展出烙画 421 块，均由安庆市五千年工艺美术有限公司的百名烙画师历时十几年纯手工烙制。艺术五千年烙画以天作之色、历史之久、表现之绝、效果之特的差异化、个性化发展，开辟了烙画艺术发展到今天最辉煌的艺术时代，被誉为“中华一绝”，并被中国乡土艺术协会授予“中国第一烙画”荣誉称号，具有极高的观赏与收藏价值。展馆内的烙画包含了安徽名人、敦煌飞天、伟人毛泽东、五千年乡土文化艺术等多个系列题材，其中以五千年乡土文化艺术为题材的《中国烙画艺术大典》，由 208 块（长 160 厘米，宽 120 厘米，厚 2. 5 厘米）烙画组成，净重 2. 5 吨，展开面积 399 ㎡，并于 2007 年元月 19 日荣获上海大世界吉尼斯总部颁发的“大世界吉尼斯之最（中国之最）”证书，是我国在烙画艺术领域中唯一获此殊荣的作品，也是世界历史上第一部手工烙画书，更是不可多得的民间艺术

8. 根雕

根雕，是以树根（包括树身、树瘤、竹根等）的自生形态及畸变形态为艺术创作对象，通过构思立意、艺术加工及工艺处理，创作出人物、动物、

器物等艺术形象作品。根雕艺术是发现自然美而又显示创造性加工的造型艺术，所谓“三分人工，七分天成”，就是说在根雕创作中，大部分利用根材的天然形态来表现艺术形象，少部分进行人工处理修饰，因此，根雕又被称为“根的艺术”或“根艺”。根艺创作是一项艰苦的劳动，从选材、造型、构思和制作，直到命名，需历时一年半载，甚至更长时间方可完成。

根艺创作的构思，必须着眼于最大限度地保护自然之形，溢自然之美，而一切人为艺术的再创造的痕迹需藏于不露之中。构思中应对根材作多角度的全面观察，反复揣摩，依形度势，深思熟虑后方能定型。如构思未成熟一时难以立断的根材，可搁置一段时间，常有经过一年半载后方能发现意外的收获。根雕的制作一般可分脱脂处理、去皮清洗、脱水干燥、定型、精加工、配淬、着色上漆、命名等八个步骤。选材是根雕制作的第一步。用材必须选择材质坚硬、木质细腻、木性稳定、不易龟裂变形、不蛀不朽能长久保存的树种，如黄杨、檀木、榉木等都是根艺造型的上好材质品种。被淤泥淹没或深埋土中的死根，经数百年炭化形成的古老阴沉根木，其质坚几乎接近化石，更是根艺的佳材。造型上的选择标准则可概括为稀、奇、古、怪四种。一般生长在平原的树根，因养分充足，生长快，木质纤维也较松，难以形成奇特的形态。只有生长在恶劣环境中的根材，如背阳生长或悬崖峭壁石缝中，并经雷劈、火烧、蚁蚀、石压、人踩、刀砍而顽强生存下来的树根，由于光照不足缺土少水乏养分，久长不大渐渐变形，年愈久，质愈坚，造型也愈奇崛遒劲，是根艺的理想用材。

9. 三教合一广场

“三教合一”为五千年文博园和谐文化最显著的体现，在这四个字的左下方，有一尊卧佛，是释迦牟尼佛像，“卧佛”（卧佛，即侧躺或侧卧着的佛像）代表了佛教。《大唐西域记》中说：释迦牟尼在拘尸那揭罗国守了最后一个弟子善贤之后，便“入寂灭乐，于双树间北首而卧”。人参悲戚，感叹大觉世尊将寂灭，众生福尽。释迦牟尼便“右胁卧狮子床”安慰大家。这情景便是后来的卧佛形象。）请大家往我们的左上方看，那是“孔子列国行”雕像，孔子带着他的弟子周游列国讲学，宣传他那以礼治国的政治主张。孔子代表儒家，老子代表道教，佛教、道教、儒教，三教合一。四字由中国书法协会名誉主席沈鹏所题。五千年文博园将孔子列国行群雕、老子雕像、释迦牟尼卧佛共同构成儒、道、佛“三道并流”的文化看点，形成“三教合一”的和谐思想。五千年文博园为了弘扬道教文化，重金塑造老子像，高 15 米，形象设计为两手臂张开，长为 185 米，这是目前世界上最大的老子形象，与其上雕刻的“老子天下第一”相应。老子是道教的创始人，在道教中老子被尊为道祖，是我国古代伟大的哲学家和思想家、道家学派创始人。其被唐皇武后封为太上老君，是世界文化名人、世界百位历史名人之一，存世有《道德经》，又称《老子》，其作品的精华是朴素的辩证法，主张无为而治，其学说对中国哲学的发展具有深刻影响。

五千年文博园，有着丰富的文化资源和鲜明的文化特色，其所呈现的中华元素，让所有的游客在五千年文博园这片厚重的土地上，都能真正体验到旅游带来的快乐、文化带来的洗礼、历史带来的震撼，让国内外游客通过人文旅游来更多地接触与感知博大精深的中华文化，让中华文化走向世界、影响世界。

参考文献

一、著作类

[1] 中共中央马克思恩格斯列宁斯大林著作编译局．马克思恩格斯选集（1—4 卷）[M]．北京：人民出版社，1995.

[2] 中共中央马克思恩格斯列宁斯大林著作编译局．马克思恩格斯全集（第 1 版）1—50 卷 [M]．北京：人民出版社，1956—1985.

[3] 中共中央马克思恩格斯列宁斯大林著作编译局．马克思恩格斯文集（1—10 卷）[M]．北京：人民出版社，2009.

[4] 费孝通．文化与文化自觉 [M]．北京：群言出版社，2010.

[5] 张雄．创新：在历史与未来之间——当代中国马克思主义理论与实践的哲学解读 [M]．北京：商务印书馆，2010.

[6] 周熙明．中央党校学员关注的文化问题 [M]．北京：中共中央党校出版社，2010.

[7] 程庸，若隐．中国元素 [M]．上海：东方出版中心，2005.

[8] 上海民族民俗民间文化博览会组委会．解读中华元素——上海文坛论坛论文集 [M]．上海：上海锦绣文章出版社·上海故事会文化传媒有限公司，2009.

[9] 上海民族民俗民间文化博览会组委会．三民文化与上海城市文化建设——上海文坛论坛论文集 [M]．上海：上海锦绣文章出版社·上海故事会文化传媒有限公司，2009.

[10] 张西平．莱布尼茨思想中的中国元素 [M]．郑州：大象出版社，2010.

[11] 汪民安，陈永国，张云鹏．现代性基本读本（上、下）[M]．开

封：河南大学出版社，2005.

[12] 俞思念．社会主义现代化与文化创新［M］．北京：人民出版社，2006.

[13] 喻发胜．文化安全——基于社会核心价值观嬗变与传播的视角［M］．武汉：华中师范大学出版社，2010.

[14] 高丙中．启蒙论——社会学与中国文化启蒙［M］．北京：社会科学文献出版社，2010.

[15] 李四屈，李涛．文化产业概论［M］．杭州：浙江大学出版社，2007.

[16] 田丰，肖海鹏，夏辉．文化竞争力研究［M］．北京：中国社会科学出版社，2007.

[17] 鲁品越．资本逻辑与当代现实：经济发展观的哲学沉思［M］．上海：上海财经大学出版社，2006.

[18] 张雄，鲁品越．中国经济哲学评论［M］．北京：社会科学文献出版社，2005.

[19] 盛邦和．新亚洲文明与亚洲现代化［M］．上海：学林出版社，2003.

[20] 张彦．系统自组织概论［M］．南京：南京大学出版社，1990.

[21] 庄国雄，马拥军，孙承叔．历史哲学［M］．上海：复旦大学出版社，2004

[22] 章忠民．弗洛伊德与现代文化［M］．合肥：黄山书社，1988.

[23] 张雄．市场经济中的非理性世界［M］．上海：立信会计出版社，1995.

[24] 范宝舟．论马克思交往理论及其当代意义［M］．北京：社会科学文献出版社，2005.

[25] 中共中央文献编辑委员会．毛泽东选集．第（1-4 卷）［M］．北京：人民出版社，1991.

[26] 朱瑛，李运祥．毛泽东文化思想探析［M］．南京：东南大学出版社，2008.

[27] 丁晓强．20 世纪的文化变革——毛泽东、邓小平思想研究的一个重要视角［M］．南昌：江西人民出版社，2004.

[28] 李鹏程．毛泽东与中国文化［M］．北京：人民出版社，1993.

[29] 邓力群．毛泽东的文化性格［M］．北京：中央民族大学出版社，2004.

[30] 邓力群．毛泽东的文化思想［M］．北京：中央民族大学出版社，2004.

[31] 张雄、鲁品越．自觉把握世界历史进程　追求发展与和谐的统一——改革开放30年马克思主义中国化初探［M］．上海：上海财经大学出版社，2008.

[32] 张岂之．中国传统文化［M］．北京：高等教育出版社，2005.

[33] 聂耀东．毛泽东与中国传统文化［M］．福州：福建人民出版社，1992.

[34] 文化蓝皮书2001—2002年：中国文化产业发展报告［M］．北京：社会科学文献出版社，2002.

[35] 谢名家等．文化产业的时代审视［M］．北京：人民出版社，2002.

[36] 程恩富．文化经济学［M］．上海：上海财经大学出版社，1999.

[37] 邓安庆，邓名瑛．文化建设论［M］．长沙：湖南人民出版社，1998.

[38] 费孝通．乡土中国［M］．北京：北京大学出版社，1998.

[39] 张立文．中国和合文化导论［M］．北京：中共中央党校出版社，2001.

[40] 黄楠森，龚书铎，陈先达．有中国特色社会主义文化研究［M］．济南：山东人民出版社，1999.

[41] 鲍展斌．文化遗产哲思：马克思主义文化遗产观研究［M］．杭州：浙江大学出版社，2008.

[42] 陈胜云．中国特色社会主义文化实践论［M］．上海：上海三联书店，2009.

[43] 王成光．中国共产党文化建设思想研究［M］．成都：西南交通大学出版社，2005.

[44] 周熙明．中央党校学员关注的文化问题［M］．北京：中共中央党校出版社，2010.

[45] 杨善民，韩锋．文化哲学［M］．济南：山东大学出版社，2002.

[46] 胡世庆，张品兴．中国文化史［M］．北京：中国广播电视出版社，1991.

[47] 安应民．文化经济学［M］．上海：中国经济出版社，1994.

[48] 顾伟列．中国文化通论［M］．上海：华东师范大学出版社，2005.

[49] 李士生．中国传统文化散论［M］．北京：中国社会出版社，2005.

[50] 王佐书．中国文化战略与安全研究［M］．北京：人民出版社，2007.

[51] 胡筝．文化事业管理概论［M］．北京：中国统计出版社，2010.

[52] 李大农，李福钟．经济文化学［M］．北京：北京师范大学出版社，2002.

[53] 胡惠林．文化产业概论［M］．昆明：云南大学出版社，2005.

[54] 范周，吕学武．文化创意产业产沿——韬略：变革的力量［M］．北京：中国传媒大学出版社，2008.

[55] 蔡武．改革　发展　繁荣：改革开放30年中国文化发展报告［M］．北京：文化艺术出版社，2008.

[56] 孙洪斌．文化全球化研究［M］．成都：四川大学出版社，2009.

[57] 许苏民．文化哲学［M］．上海：上海人民出版社，1990.

[58] 刘彦武．发展文化学：一门建设中的学科［M］．北京：中央编译出版社，2009.

[59] 花建，巫志南，郭洁敏等．文化产业竞争力［M］．广州：广东人民出版社，2005.

[60] 吴瑛．文化对外传播：理论与战略［M］．上海：上海交通大学出版社，2009.

[61] 王文章．中国先进文化论［M］．北京：文化艺术出版社，2004.

[62] 胡惠林．文化经济学［M］．上海：上海交通大学出版社，2004.

[63] 朱希祥．文化产业发展与文化市场管理［M］．上海：华东师范大学出版社，2003.

[64] 许明，花建．文化发展论［M］．北京：北京大学出版社，2005.

[65] 王超逸．软实力与文化力管理［M］．北京：中国经济出版社，2009.

[66] 花建．文化力：先进文化的内涵与21世纪中国和平发展的文化动力

[M]．上海：百家出版社，2006.

[67] 晓蔚，李远强．文化的诉求：全球化与可持续发展道路上的文化建设 [M]．成都：巴蜀书社，2006.

[68] 左惠．文化产品供给论：文化产业发展的经济学分析 [M]．北京：经济科学出版社，2009.

[69] 胡惠林．文化产业发展与中国新文化变革：1998—2008 [M]．北京：经济科学出版社，2009.

[70] 张骥，刘中民等．文化与当代国际政治 [M]．北京：人民出版社，2003.

[71] 胡惠林．文化产业学 [M]．北京：高等教育出版社，2006.

[72] 李江涛等．当代文化发展新趋势研究 [M]．北京：中央编译出版社，2009.

[73] 文化部文化产业司．国家文化产业课题研究报告 [M]．昆明：云南大学出版社，2008.

[74] 方明光．文化市场营销学 [M]．上海：上海交通大学出版社，1996.

[75] 朱自强．中国文化产业 [M]．青岛：中国海洋大学出版社，2008.

[76] 王永丽．文化力 [M]．广州：广东经济出版社，2010.

[77] 蔡尚伟，温洪泉．文化产业导论 [M]．上海：复旦大学出版社，2006.

[79] 唐光斌．传统与现代的抉择：科学发展观对中国传统文化继承与创新研究 [M]．长沙：湖南人民出版社，2009.

[80] 艺衡．文化主权与国家文化软实力 [M]．北京：社会科学文献出版社，2009.

[81] 吴存东，吴琼．文化创意产业概论 [M]．北京：中国经济出版社，2010.

[82] 陆祖鹤．文化产业发展方略 [M]．北京：社会科学文献出版社，2006.

[83] 顾江．文化产业研究 [M]．南京：南京大学出版社，2006.

[84] 莫茜．大众文化与网络文化 [M]．北京：北京邮电大学出版社，2009.

[85] 顾江．文化产业规划案例精析［M］．南京：东南大学出版社，2008.

[86] 金民卿．文化全球化与中国大众文化［M］．北京：人民出版社，2004.

[87] 张胜冰，屈小青，邹龙．民族艺术与文化产业［M］．青岛：中国海洋大学出版社，2009.

[88] 钟枢．马克思主义中国化的伟大创新：邓小平理论创新点研究［M］．北京：群众出版社，2004.

[89] 赵勇．整合与颠覆：大众文化的辩证法［M］．北京：北京大学出版社，2005.

[90] 郝永．中国文化的基因：儒道佛家思想［M］．北京：光明日报出版社，2009.

[91] 杨魁，董雅丽．消费文化：从现代到后现代［M］．北京：中国社会科学出版社，2003.

[92] 徐海波．意识形态与大众文化［M］．北京：人民出版社，2009.

[93] 李方祥．中国共产党的传统文化观研究［M］．北京：中共党史出版社，2008.

[94] 卢少求．延安时期中国共产党执政文化建设研究［M］．合肥：安徽大学出版社，2009.

[95] 李春明．全球化与当代中国政治文化发展［M］．济南：山东大学出版社，2009.

[96] 孙安民．文化产业理论与实践［M］．北京：北京出版社，2005.

[97] 周新生．产业分析与产业政策方法及应用［M］．北京：经济管理出版社，2005.

[98] 金元浦．文化产业竞争力［M］．广州：广东人民出版社，2005.

[99] 天海翔．中国文化产业［M］．北京：中央编译出版社，2006.

[100] 胡惠林．文化产业发展的中国道路——我国文化产业发展理论与实践研究［M］．上海：上海出版社，2004.

[101] 李怀亮．当代国际文化贸易与文化竞争［M］．广州：广东人民出版社，2005.

[102] 滕藤．邓小平理论与世纪之交的中国国际战略［M］．北京：人民

出版社，2001.

[103] 厉无畏．创意产业导论［M］．上海：学林出版社，2006.

[104] 花建．软权力之争：全球化视野中的文化潮流［M］．上海：上海社会科学出版社，2001.

[105] 邹广汉．当代文化哲学［M］．北京：人民出版社，2007.

[106] 张岱年．文化与价值［M］．北京：新华出版社，2004.

[107] 辛文斌．新民主主义论［M］．北京：中央编译出版社，2007.

[108] 陈少峰，朱嘉．中国文化产业十年［M］．北京：金城出版社，2009.

[109] 胡惠林．我国文化产业发展战略理论文献研究综述［M］．上海：上海人民出版社，2010.

[110] 张远新．江泽民文化思想研究［M］．北京：人民出版社，2006.

[112] 郭有献，郝东恒．中国元素与广告创意［M］．北京：北京大学出版社，2010.

[113] 张彩凤，苏红燕．全球化与当代中国文化产业发展［M］．济南：山东大学出版社，2009.

[114] 邹广文，任丽梅．科学发展观与中国文化产业实践［M］．北京：中央编译出版社，2009.

[115] 邹广文，徐庆文．全球化与中国文化产业的发展［M］．北京：中央编译出版社，2006.

[116] 胡惠林．文化产业发展与国家文化安全［M］．广州：广东人民出版社，2005.

[117] 张胜冰，徐向昱，马树华．世界文化产业概要［M］．昆明：云南大学出版社，2006.

[118] 皇甫晓涛．文化资本论［M］．北京：人民日报出版社，2009.

[119] 欧阳坚．文化产业政策与文化产业发展研究［M］．北京：中国经济出版社，2011.

[120] 北京大学文化产业研究院．中国对外文化贸易年度报告［M］．北京：北京大学出版社，2011.

[121]［美］约翰·R. 霍尔·乔·尼兹．文化：社会学的视野［M］．北京：商务印书馆，2004.

[122] [美] 戴安娜·克兰．文化社会学——浮现中的理论视野 [M]．南京：南京大学出版社，2006.

[123] [法] 埃德加·莫兰．反思欧洲 [M]．北京：商务印书馆，2004.

[124] [日] 名和太郎．经济与文化 [M]．北京：中国经济出版社，1987.

[125] [日] 日下公人．新文化产业论 [M]．北京：东方出版社，1989.

[126] [英] 阿雷恩·鲍尔德温等．文化研究导论 [M]．北京：高等教育出版社，2004.

[127] [美] 许倬云（Hsu Zhuo-Yun）．中国文化与世界文化 [M]．贵阳：贵州人民出版社，1991.

[128] [英] 欧内斯特·盖尔纳．理性与文化 [M]．贵阳：贵州人民出版社，2009.

[129] [法] 加迪（Gardet. L）等．文化与时间 [M]．杭州：浙江人民出版社，1988.

[130] [法] 安托瓦特·贡巴尼翁．现代性的五个悖论 [M]．北京：商务印书馆，2005.

[131] [德] 卡希尔（Cassirer. E）．符号·神话·文化 [M]．北京：东方出版社，1988.

[132] [英] 尼克·史蒂文森．文化与公民身份 [M]．长春：吉林出版集团有限责任公司，2007.

[133] [德] 马克斯·韦伯．新教伦理与资本主义精神 [M]．西安：陕西师范大学出版社，2002.

[134] [英] 大卫·赫斯蒙德夫．文化产业．张菲娜译．北京：中国人民大学出版社，2007

[135] [德] 黑格尔．历史哲学 [M]．上海：上海书店出版社，1999.

[136] [美] 菲利普·巴格比．文化：历史的投影 [M]．上海人民出版社，1987

[137] [美] 理查德·佛罗里达．创意阶层的崛起．司徒爱勤，译．北京：中信出版社，2010

[138] [英] 阿诺德·汤因比．历史研究 [M]．上海人民出版社，2010

[139] 谈国新，钟正．民族文化资源数字化与产业化开发 [M]．华中师

范大学出版社，2012.

[140] 施惟达等．文化与经济：民族文化与产业化发展［M］．云南大学出版社，2011.

[141] 陈锡喜．中华民族振兴的精神支柱［M］．上海教育出版社，1998.

[142] 陈建宪等．民俗文化与创意产业［M］．华中师范大学出版社，2012.

[143] 董德福，史云波．回首五四——百年中国思潮和人物［M］．人民出版社，2008.

[144] 金丽馥，石宏伟．当代中国“三农”理论与实践问题研究［M］．南京大学出版社，2010.

[145] 吕思勉．吕思勉中国文化史［M］．海潮出版社，2008.

[146] 顾钰民．中国经济转型与发展研究［M］．同济大学出版社，2002.

[147] 郑永廷．社会主义意识形态发展研究［M］．人民出版社，2002.

[148] 杜艳华．中国特色社会主义现代化模式研究［M］．华学琳出版社，2008.

二、论文类

[1] 李齐全．提升我国文化软实力的实现途径［J］．社会主义研究，2010，(6)．

[2] 谢名家．试论有中国特色的社会主义文化产业［J］．马克思主义与现实，1997，(4)．

[3] 熊黎明．文化产业与文化创新［J］．学术探索，2003，(7)．

[4] 高书生．关于文化产业发展若干问题的思考［J］．中国编辑，2011，(1)．

[5] 雷光华．关于提升我国文化产业国际竞争力的思考［J］．湖南社会科学，2004，(1)．

[6] 苗伟．社会转型期中国文化发展的走势及出路［J］．长白学刊，2010，(3)．

[8] 周薇．开发兼容是文化发展的普遍形式和规律［J］．广东社会科学，

2006，(2).

[9] 丹增. 发展文化产业与开发文化资源 [J]. 求是杂志，2006，(1).

[10] 孟晓驷. 发展中国文化产业的三大战略举措 [J]. 北京大学学报，2005，(3).

[11] 谢名家. 发展以文化内容为主导：文化经济是一种新型经济 [N]. 南方日报，2004-04-14.

[12] 赵继伦，毕秀梅. 中国文化产业发展的困境与对策 [J]. 社会科学战线，2003，(6).

[13] 李怀亮，方英，王锦慧. 文化产业与经济增长关系的理论研究 [J]. 经济问题，2010，(2).

[14] 赵剑英. 从新民主主义文化到有中国特色社会主义文化——中国共产党对中华文化的继承与创新 [J]. 哲学研究，2001，(10).

[15] 章剑华. 文化产业发展三题 [J]. 艺术百家，2009，(4).

[16] 朱建婷，张晓红. 从对外传播视角解读提高国家文化软实力 [J]. 河北师范大学学报，2008，(3).

[17] 李冬，陈红兵. 文化产业的基本特征及发展动力 [J]. 东北大学学报（社会科学版），2005，(2).

[18] 彭南林. 发展文化产业与构建多元化的产业主题探讨 [J]. 中国软科学，2004，(10).

[19] 邓安球. 论文化产业概念与分类 [J]. 湘潭大学学报（哲学社会科学版），2008，(5).

[20] 苑捷. 当代西方文化产业理论研究概述 [J]. 马克思主义与现实，2004，(1).

[21] 李小牧，李嘉珊. 国际文化贸易：关于概念的综述与辨析 [J]. 国际贸易，2007，(2).

[22] 罗兵，温思美. 文化产业与创意产业概念的外延与内涵比较研究 [J]. 甘肃社会科学，2006，(5).

[23] 安宇，田广增，沈山. 国外文化产业：概念界定与产业政策 [J]. 世界经济与政治论坛，2004，(6).

[24] 郑春荣. 我国文化产业发展面临的问题与公共政策探讨 [J]. 税务

研究，2010，(7).

[25] 荣跃明．上海创意产业发展的现状和前景 [J]．毛泽东邓小平理论研究，2005，(1).

[26] 张曾芳等．论文化产业及其运作规律 [J]．中国社会科学，2002，(2).

[27] 吕方．国际产业分工与中国文化产业 [J]．世界经济与政治论坛，2006，(5).

[28] 祁述裕．我国文化产业发展的几个重要特点 [J]．山东社会科学，2009，(2).

[29] 花建．文化产业竞争力的内涵结构和战略重点 [J]．北京大学学报，2005，(2).

[30] 向志强．文化产业类型及其核心竞争力的构成要素 [J]．求索，2008，(11).

[31] 马永强．文化产业创新发展必须处理好五个关系 [J]．甘肃理论学刊，2009，(5).

[33] 刘彬，王娜．国内文化产业创新发展研究 [J]．社会科学论坛，2008，(12).

[34] 张旭东．文化创新与文化产业创新相关问题论略 [J]．北方论丛，2007，(5).

[35] 王俊，朱道才．关于我国现代文化产业创新建设的思考 [J]．特区经济，2006，(11).

[36] 韩华．关于文化产业创新问题的思考 [J]．商丘师范学院学报，2005，(2).

[37] 李萱．产业融合：文化产业创新的强大动力 [J]．郑州大学学报，2008，(4).

[38] 胡惠林．我国文化产业创新体系的若干问题 [J]．学术月刊，2001，(11).

[39] 赵昕．用中国元素构建我们自己的风格 [J]．洛阳师范学院学报，2007，(1).

[40] 严硕勤．中国元素的内涵品质——社会文化中的概念符号“探究” [J]．作家杂志，2010，(7).

[41] 陈静．时代变迁中的中国元素 [N]．中国社会科学报，2009-09-17.

[42] 吉汉，刘蒙之．三十年来的中国元素运动 [J]．新闻知识，2009，(5)．

[43] 肖红．“中国元素（符号）”应用于美育教学的思考 [J]．天中学刊，2009，(2)．

[44] 何德珍．从中国元素看中国式广告的崛起及发展策略 [J]．学术论坛，2007，(7)．

[45] 李家伟．将“中国元素”融入民族血脉 [N]．贵州日报，2008-08-21.

[46] 姜虹．特许商品带动奥运经济发展 中国元素彰显中国魅力 [N]．人民政协报，2008-01-22.

[47] 凌鼎年．极具中国元素的奥运开幕式 [J]．民主，2008，(8)．

[48] 张雄．从事件经济的视角解读中华元素的时尚表达 [N]．文汇报，2009-08-08.

[49] 厉无畏．文化创意的产业化与产业创新 [J]．同济大学学报（社会科学版），2009，(1)．

[50] 吴军．文化创企业“走出去”的机遇和问题 [J]．国际经济合作，2010，(2)．

[51] 牛宏宝．文化资本与文化（创意）产业 [J]．中国人民大学学报，2010，(1)．

[52] 金元浦．我国文化创意产业发展的三个阶梯与三种模式 [J]．中国地质大学学报（社会科学版），2010，(1)．

[53] 杨旦修，聂钰石．中国语境下文化创意产业的命名 [J]．现代视听，2010，(6)．

[54] 荣跃明．超越文化产业：创意产业的本质与特征 [J]．毛泽东邓小平理论研究，2004，(5)．

[55] 刘吉发．创新与文化创意：关系辨析及产业发展趋势 [J]．现代经济探讨，2009，(1)．

[56] 花建．创新·融合·集聚——论文化产业、信息技术与城市空间三者间的互动趋势 [J]．社会科学，2006，(6)．

[57] 王秀华．创意产业的内涵与发展模式 [J]．沈阳航空工业学院学报，2008，(6)．

[58] 王琪．创意产业的本质与特征 [J]．甘肃理论学刊，2009，(4)．

[59] 张华．全球语境下中国文化内容创新的原则和路径 [J]．求实，2009，(5)．

[60] 张文忠．全球背景下的国家文化安全 [J]．江苏科技大学学报，2005，(2)．

[61] 施炎平．从文化资源到文化资本——传统文化的价值重建与再创 [J]．探索与争鸣，2007，(6)．

[62] 史云波，吕春明．和而不同——文化全球化的价值取向 [J]．江苏大学学报（社会科学版），2012，(3)．

后　记

恍若刚刚启程，却行将结束；仿佛弹指一挥间，然已三年飞逝。当论文即将完成时，心中的思绪却愈理愈乱。恩师情、同学谊在敲上论文最后一个字符之时霎时涌上心头。

作为一名在职的高校教师，我倍加珍惜来之不易的读博机会，在学习的同时还要兼顾单位的工作，其中的艰辛、困难难以言说，但回首往昔，更多的是感动和喜悦。记得当初带着对学术殿堂的憧憬，带着对进入上海财经大学攻读博士学位的期盼，我开始了马克思主义中国化研究专业的学习。三年来，我不仅在学习上取得了进步，而且在交往中与老师和同学结下了深情厚谊。

回首感动的点点滴滴，首先要感谢的是张雄教授，在学习上对我严格要求，在生活上对我十分关心；在论文的选题、构思上，他都给予了悉心指导和帮助。我的导师马拥军教授，他的恩情更是让我终身难忘。本论文的完稿，无不凝聚着马老师的心血和汗水。他渊博的知识和扎实的学术功底，严谨求实的态度以及循循善诱和耐心的教导，引领我完成了本篇论文的撰写工作。他不仅在论文方面给我提出了许多宝贵意见，而且在治学、做人和生活方面给予了我诸多帮助和热情鼓励，他的执着的探索精神、谆谆的教诲将使我受益终生。现在论文即将完成，在此向马老师以及关心支持我论文写作的同志表示诚挚的谢意。

衷心地感谢马钦荣教授、鲁品越教授、黄林芳教授、张彦教授、章忠民教授、卜祥记教授、范宝舟教授、盛邦和教授、郝云教授、张觉教授、董必荣老师等诸位的教导和关爱。感谢辅导员严静峰老师、研究生秘书李卫老师、朱璐老师和倪剑青老师，感谢他们在我求学过程中给予的帮助与支持。

在我读博期间，我的工作单位安庆师范大学继续教育学院给予了我很大的支持，部门的领导和同事分担了我的很多工作，使得我顺利完成了学业，在此深表谢意。

求学的路上，父母的支持和关爱使我不断进取，是他们给予了我不断前进的动力。我的父母年老体弱，为了不给我增加负担，至今还在农村老家辛苦地劳作。让父母能早日过上一种较为体面和舒适的生活，是我一直的梦想。本科毕业留校后，我之所以不懈怠，在读完硕士接着报考了博士，其中很重要的一个动因，就是想通过增强自己的实力来改善父母的生活。我的岳父岳母在我读书期间，给予了我很大的理解、支持和关爱；我的奶奶、大伯胡开建、大妈在我读书期间给予了很大的鼓励和帮助。本论文的写作大多是我在业余时间进行的，在此不能不提的是我的妻子胡薇女士，她默默地分担了家里的许多家务活，精心带护好儿子宇涵。

我要说的太多太多。未来的路上，唯铭记恩师情、同学谊，不断努力，不断进步，才得以报恩。

最后，谨向为本书顺利出版提供无私帮助，以及给予我关心、支持和鼓励的所有人、所有单位表示衷心的感谢！感谢合肥工业大学出版社副社长朱移山和责任编辑张慧女士，他们为本书的出版付出了大量心血。同时，本书的出版还得到安庆师范大学科研处的资助，在此谨致以诚挚的谢意！